WINZERS FREUD – WINZERS LEID

Franken

Bernhard Weisensee

Winzers Freud – Winzers Leid

Der fränkische Weinbau
und seine Ernten in 1200 Weinjahren

Witterung – Menge – Güte

Herausgegeben vom Bezirk Unterfranken

echter

CIP-Kurztitelaufnahme der Deutschen Bibliothek.

Weisensee, Bernhard:
Winzers Freud – Winzers Leid: d. fränk. Weinbau u. seine Ernten
in 1200 Weinjahren;
Witterung – Menge – Güte / Bernhard Weisensee.
Hrsg. vom Bezirk Unterfranken. –
Würzburg: Echter, 1982.
ISBN 3-429-00777-1

© 1982 Echter Verlag Würzburg
Gestaltung des Einbands: Josef Langhans
Farbfotos: Valentin Schwab
Schwarzweißfotos: Hans Heer
Karte: Ossi Krapf
Abbildung Seite 91: Archiv Karl-Heinz Beck
Titelbild und Seite 19: Bildarchiv Preußischer Kulturbesitz
Gesamtherstellung: Echter Würzburg,
Fränkische Gesellschaftsdruckerei und Verlag GmbH
Printed in Germany
ISBN: 3-429-00777-1

Inhaltsverzeichnis

Vorwort	5
I. Geschichte des fränkischen Weinbaus	7
II. Weinbau und Klima	11
III. Weinbergsböden Frankens	11
IV. Die fränkische Weinlandschaft	12
V. Der Frankenwein	13
VI. Der fränkische Winzer	14
Die Weinjahre vor Christi Geburt	15
Die Weinjahre nach Christi Geburt	16
Die fränkischen Rebsorten	94
Statistische Angaben der Weinmosternten	97
Taufnamen des Neuen von 1929 bis 1980	98
Zehnjährige Durchschnittsweinmosterträge in der Bundesrepublik (bzw. Reich) und in Franken seit 1880	98
Die Weinmosternten Bayerns von 1880–1980	99
Unser Franken-Wein 1945 bis 1966 / Mostsäure- und Öchslewerte von fränkischen Traubenmosten	101
Der Weinjahrgang 1981 in Franken	102

Vorwort

Wir alle leben vom Vergangenen. (Goethe)

Im Jahr 777 tritt der fränkische Weinbau in das Licht der Geschichte. Karl der Große schenkt dem Kloster in Fulda Weinberge in der Gemarkung Hammelburg.

Zwölfhundert Jahre Weinbau in Franken – das bedeutet zwölfhundertmal Hoffen, Bangen, Sorge um den Rebstock und seine Frucht, die Traube, sowie zwölfhundertmal Freude, Zufriedenheit oder Enttäuschung über Quantität und Qualität der Ernte.

Zwölfhundert Jahre Weinbau in Franken besagt aber auch zwölfhundertmal Einfluß verschiedenster Jahreswitterungen. Und das Studium der Weinernten in der langen Geschichte bestätigt ganz klar die Erkenntnis, daß der Erfolg im fränkischen Weinbau bei allem Engagement der Winzer doch weniger vom Menschen abhängt als vielmehr von der nicht beeinflußbaren Witterung. Den Winterfrost, den Spätfrost, schlechtes Blütewetter, Nässe und Kühle im Sommer und im Herbst, Frühfrost, und damit Beendigung der Assimilationstätigkeit, all dies kann der Mensch nicht beeinflussen. Aber von diesem wechselvollen Geschick hängt wesentlich Erfolg und Mißerfolg des hiesigen Weinbaus ab.

»Weinbau ist des mühevollsten Fleißes zweifelhaft' Gelingen«, sagt Goethe. Und dies wird nachdrücklich klar, wenn man die Aufschreibungen über die Weinernten in Franken überprüft. In unregelmäßigen Abständen wechseln ständig gute und weniger gute bis unbefriedigende Jahrgänge. Man findet Jahrgänge mit guter Qualität und wenig Menge oder viel Menge und geringer Güte. Nicht selten kommen Ernten mit guter Qualität bei gleichzeitig großer Menge vor, aber betrüblicherweise auch oft Weinlesen, wo Ertrag und Qualität gleichermaßen gering sind. Beim Studium der Aufschreibungen fällt auf, daß die verschiedenen Quellen für ein und dasselbe Jahr öfters sehr unterschiedliche Benotungen des jeweiligen Weinjahres nachweisen.

Dies stellt jedoch nicht die Glaubwürdigkeit der Chronisten in Frage, sondern zeigt vielmehr die besondere fränkische Weinbausituation. Es kann durchaus sein, daß es wegen der vielen Wetterwinkel und Weinbaunischen mit ihrem speziellen Kleinklima zu den unterschiedlichsten Ernten kommt. So ist es möglich, daß beispielsweise im Würzburger Raum die Weinberge nicht durch Spätfrost geschädigt werden, während an der Mainschleife bei Volkach große Erfrierungen der grünen Austriebe zu beklagen sind. Aus diesem Gesichtspunkt heraus muß man die oft divergierenden Berichte über einen und denselben Jahrgang werten.

Bei den für Franken quellenlosen Jahren wurde auf die Aufschreibungen von Bassermann-Jordan[3] zurückgegriffen. Und zwar aus der Erkenntnis heraus, daß ganz extreme Unterschiede in der Witterung innerhalb der deutschen Weinbaugebiete relativ selten vorkommen.

Analysiert man nun die Ergebnisse der mehr als 1200 Weinjahre, dann kommt man zu dem Schluß, daß in Franken Weinbau nur dann wirtschaftlich betrieben werden kann, wenn man einen hohen Prozentsatz quantitativ weniger guter Jahre einkalkuliert und möglichst an verschiedenen Orten mit unterschiedlicher Lage Weinbergsbesitz hat. Auf all dies müssen die wirtschaftlichen Überlegungen und auch weinbaupolitischen Planungen Rücksicht nehmen. Die notwendige kontinuierliche Liefermöglichkeit macht also in Franken eine sorgsame Vorratswirtschaft an lagerfähigem Wein notwendig. Gerade dies soll der praktische Hinweis dieser Untersuchung sein. Die Aufschreibungen zeigen aber auch, daß alles schon einmal da war, und daß nach schlechten Ernten wieder gute folgen und umgekehrt. Das jährliche bange Hoffen um eine einigermaßen gute Weinernte wird dem fränkischen Winzer auch in Zukunft nicht erspart bleiben. Wenn er sich aber der exponierten Lage des fränkischen Weinbaugebietes immer bewußt ist, dann wird er die Mindererten in seine wirtschaftlichen Planungen und in sein allgemeines Denken einbeziehen.

Franken ist ein vielbeglücktes Land – es zählt zu den wärmsten Landschaften Deutschlands. Aber es ist auch ein vielgebeuteltes Land, denn östlich des Spessarts beginnt stärker der kontinentale Einfluß, und so kommt es nicht selten zu Kältegraden, die andere deutsche Weinbaugebiete nicht in diesem Ausmaß kennen. Wenn auch dadurch die mittlere Jahres-Temperatur etwas niedriger liegt, als die anderer deutscher Weinbaugebiete, so liegt aber die Jahres-Sonnenscheindauer neben Freiburg (Baden) in Würzburg an zweithöchster Stelle.

Diese Tatsache in Verbindung mit den mineralstoffhaltigen Böden sowie dem relativ niedrigen Durchschnittsertrag bewirkt wesentlich die besondere Stellung des Frankenweines in Deutschland und darüber hinaus. Diese fränkische Erde verschenkt nichts – alles will ihr abgerungen sein.

Doch werden Sorgen und Mühen gelohnt mit einem besonderen Wein, der für alle unverkennbar, für viele das Beste ist.

I. Geschichte des fränkischen Weinbaus

Der Wein wurde den Deutschen erst bekannt, als sie mit den Römern in Handelsverbindung traten. Franken kann nicht wie die Weinbaugebiete am Rhein und an der Mosel sowie in Württemberg voller Stolz darauf hinweisen, daß schon die römischen »Entwicklungshelfer« den Weinbau angesiedelt haben.

Das erste authentische Zeugnis über Weinbau in Franken entnehmen wir einer Schenkungsurkunde von Karl dem Großen an das Kloster Fulda. Der fränkische Weinbau hat also auch seine Förderung – wie die übrigen deutschen Weinbaugebiete im großen Frankenreich – durch Karl dem Großen erfahren. Seine Hygienevorschriften befolgen wir ja heute noch im Weinkeller.

Nachdem der Weinbau im heutigen Unterfranken einmal festen Fuß gefaßt hatte, breitete er sich rasch weiter aus. Kirchliche und weltliche Herrscher und die sonstigen Grundherren hatten ja auch alle Ursache, den Weinbau zu fördern, da ein großer Teil ihrer Einnahmen, wie der Weinzehnt, die Weinzölle und die Umgelder, in Abgabe von Wein bestanden, und je mehr angebaut wurde, desto reichlicher flossen auch die Einkünfte. Auch bildete der Wein bei den Beamten und den Weinbergsarbeitern einen Teil der Entlohnung. Der Weinbau war das ganze Mittelalter hindurch bis tief in das vergangene Jahrhundert die bedeutendste Bodenkulturart Frankens, vor allem aber Unterfrankens.

Einen schweren Schlag erlitt der fränkische Weinbau dadurch, daß infolge der Vereinigung der

Rheinpfalz mit Bayern der Absatz der fränkischen Weine zugunsten der Pfalzweine in Altbayern erschwert wurde. Weitere Verfallserscheinungen bewirkte die Säkularisation im Jahre 1803, welche die Auflösung des Weinbergsbesitzes der Klöster und geistlicher Grundherren zur Folge hatte. Der Übergang vom Quantitätsweinbau zum Qualitätsweinbau; die Industrialisierung und Verkehrsentwicklung; die durchgreifende Änderung der Trinkgewohnheiten; das Auftreten von Rebschädlingen und Rebkrankheiten; die Zersplitterung des Weinbergsbesitzes durch die unentwegte Realteilung sind hauptsächlich für den Rückgang des fränkischen Weinbaus ursächlich. Außerdem ist zu erwähnen, daß der Weinbauer bis zum 19. Jahrhundert in der Regel nur mit dem Weinbau vertraut war, während die Weinbereitung, also der Ausbau des Weines und sein Verkauf, vom jeweiligen Grundherrn übernommen wurde. Durch die Gründung der Winzergenossenschaften anfangs dieses Jahrhunderts wurde dem »Häcker« wieder diese Sorge abgenommen. Der Winzerstand verarmte bis dahin, und die Rebkultur verfiel zusehends.

An trefflichen Versuchen, den Weinbau in Franken zu stabilisieren, mangelte es wahrlich nicht.

Schon im ersten und zweiten Drittel des 19. Jahrhunderts wurden mit der Gründung eines fränkischen Weinbauvereins und dem Wirken so großer Önologen wie Dr. Peter Ungemach, Würzburg, und Sebastian Englerth, Randersacker, energische Schritte zur Verbesserung und Erhaltung des Qualitätsweinbaus unternommen. Doch trotz Gründung der Lehranstalt Veitshöchheim (1902), Verlegung des Dienstsitzes des Landesinspektors für Weinbau von Neustadt/Haardt nach Würzburg (1914), Anstellung eines Kreisweinbaulehrers als »Weinbauwanderlehrer« (1910) konnte der stetige Rückgang der Rebflächen von 24 430 ha im Jahr 1813 auf 2360 ha im Jahr 1959 nicht verhindert werden. Dem segensreichen Wirken des beharrlichen Fachberaters des Bezirks Unterfranken für Weinbau, Josef Weiß (1948–1968), der die bereits erfolgreiche Tätigkeit seines seit 1910 amtierenden Vorgängers Josef Blümm fortsetzte, ist es hauptsächlich zu verdanken, daß mit Hilfe der öffentlichen Hand und dem Engagement weitsichtiger Winzer ab 1960 eine anhaltende Aufwärtsentwicklung in allen Bereichen der heimischen Weinwirtschaft zu verzeichnen ist. An dieser Erneuerung des fränkischen Weinbaus und des guten Rufes des Frankenweins sind maßgeblich auch die Berufsorganisationen beteiligt.

Erst mit Unterstützung des Staates (Wiederaufbau der Weinberge und betriebliche Förderungen) wurde der Weinbau in Franken wieder interessant. So glich also der Freistaat Bayern die Sünden früherer bayerischer Weinbaupolitik für die jetzt und später lebende fränkische Winzerschaft bestmöglichst wieder aus. Nur schade, daß erst so viel Substanz verlorengehen mußte.

Einjährige Rebe mit verholzter Ranke.
Die Ranken sind Haftorgane. Sie ermöglichen es der Rebe, an Sträuchern und Bäumen usw. emporzuklettern und sich in der modernen Rebenerziehung an Drähten und Pfählen festzuhalten. Die Rebe ist eine Liane und ein Kind der gemäßigten Klimazone unserer Erde. Auf der nördlichen Halbkugel liegt ihr Verbreitungsgebiet etwa zwischen dem 30. und dem 52. Breitengrad.

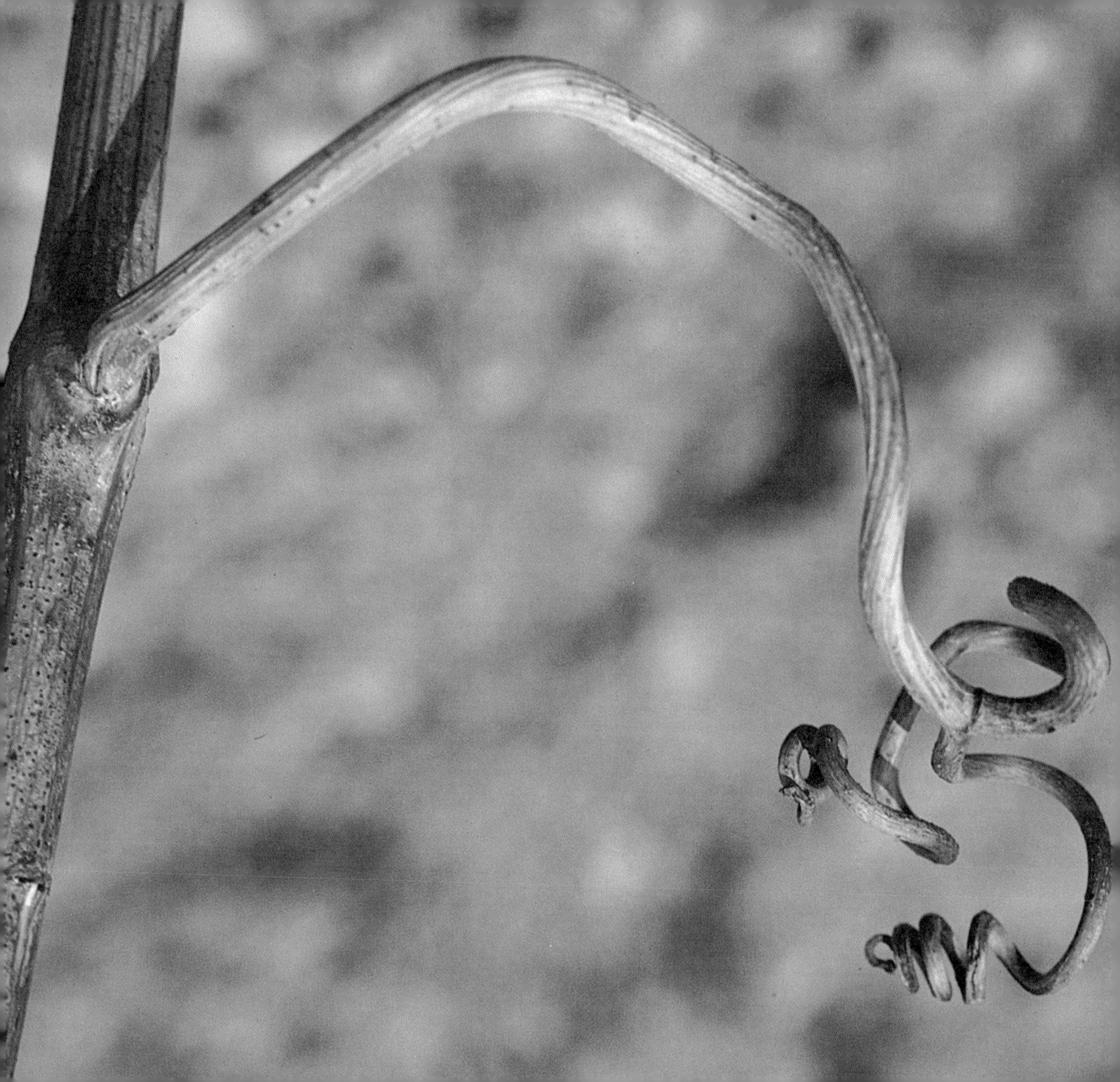

1624

Zwo Stallüngen vnd Scheür, Thor
Sambt diesem Wagenhaus beuor
Ditz noll ist tist geführt auß
Zur seit da der wein war m kauff
Ein Eimer für drei gulden gahr
Da doch gewesen solches Jahr
Das hundert drey vnd Siebetzig
Fuder an Zehent überig
Nach aller außtheil blieben sein
Schreib ditz in die gedechtnus ein.

II. Weinbau und Klima

Die klimatische Begünstigung Mainfrankens vor vielen Teilen Süddeutschlands ist allgemein bekannt. Das Maintal mit seinen Seitentälern und die tiefen, geschützten Teile der fränkischen Platte haben Jahresmittel zwischen 8 bis 9 Grad C, Julimittel zwischen 17 bis 18 Grad C und 25 bis 30 Sommertage. Freilich: 10 Grad C im Jahresmittel und 19 Grad C im Julimittel wie in der Oberrheinebene und im Neckarland werden nicht mehr erreicht.[12] Gelegentlich kommen auch recht tiefe Extreme vor mit Minustemperaturen bis 31 Grad C. Man deckte bis nach dem Krieg deshalb in vielen Weinbergen die Reben mit Erde oder Pfählen. Die geringe Schneedecke ist meist eher ein Schaden, denn ein Nutzen (Messungen haben ergeben, daß unmittelbar über der Schneedecke die Minustemperaturen bis zu 8 Grad sinken können). Hierin und in den berüchtigten April- und Maifrösten, den »Eisheiligen«, liegt viel mehr als in den nur wenig niedrigeren Sommertemperaturen eine starke Benachteiligung unseres fränkischen Weinbaugebietes gegenüber den rheinischen. Dazu kommen nicht selten – zumindest in den Tallagen – sogenannte Frühfröste (wie 1972 am 4. Oktober), und durch die Zerstörung der Blattmasse ist oft eine qualitative und quantitative Einbuße gegeben. Das fränkische Weinbaugebiet, im Regenschatten von Odenwald / Spessart / Rhön gelegen, ist mit 500 bis 600 mm Niederschlagshöhe regenarm.

Bildtafel am Zehnthof in Randersacker mit Nachweis über Weinpreis und Weinernte im Jahr 1624.

Die alte Bauernregel, die besagt, es scheint eher einen Laib Brot als daß es einen regnet, ist auch auf den Weinbau anzuwenden. Denn was an Regen über das Normalmaß hinaus fällt, kommt fast immer auf den Sommer, wenn die Sonne zur Reife nötig wäre, und nasse Jahre begünstigen zudem noch die Rebschädlinge und Rebkrankheiten. Über 400 m Höhe ist der Weinbau auch in Zeiten der weitesten Verbreitung kaum hinausgegangen. Der fränkische Wein profitiert von seinen vielen günstigen Wetterwinkeln mit ihrem besonderen Kleinklima, und diese Klimagunst kann man bei der Schneeschmelze, beim Austrieb, beim Spätfrost, beim Blütebeginn, beim Reifebeginn und beim Frühfrost, aber auch beim Winterfrost beobachten. Man merkt es an den Öchslegraden und vornehmlich, wenn man den Wein trinkt. Die Bodenverhältnisse und die Feinheiten der mikroklimatischen Abstufungen, die heute entscheidend sind, machen die Vielgestaltigkeit der Frankenweine.

III. Die Weinbergsböden Frankens

Um Hörstein, Wasserlos und Michelbach bei Alzenau wächst die Rebe auf den geologisch ältesten Ausgangsmaterialien. Es sind im wesentlichen Quarzitschiefer, Glimmerschiefer und Gneise, die dem kristallinen Grundgebirge des Vorspessarts angehören. Die Weine hier haben besondere Fruchtigkeit, Rasse und Eleganz; sie sind nicht ganz so körperreich wie die des Muschelkalks oder des Keupers. Riesling und Müller-Thurgau gedeihen gut,

Silvaner dagegen nicht. Die Gesteine der Formationen der Trias besitzen als Ausgangsmaterial für die Weinbergsböden größte Bedeutung. Namengebend war die Dreigliederung in Buntsandstein, Muschelkalk und Keuper. Sie fallen schwach nach Osten ein. Nur so ist es erklärlich, daß ohne größeren Höhenunterschied alle diese Bodenarten im Weinbau vorkommen. Der Buntsandstein ist das unterste Glied, er ist im wesentlichen auf den Bereich des Mainvierecks und des Thüngersheimer Sattels beschränkt. Auf diesem Boden fühlt sich besonders der Portugieser und der Spätburgunder wohl. Riesling, Kerner und Müller-Thurgau bringen elegante, etwas säurebetonte Weine.

Über dem Buntsandstein folgt der Muschelkalk. Die in Unterfranken mehr als 200 m mächtige Schichtenfolge baut sich fast nur aus Kalksteinen auf. Tone, Mergel und Letten-Keuper-Schichten (Unterer Keuper) sowie Flug- und Flußsande und Terrassensande bilden mit den verschiedenen Schichtungen die Weinbergsböden des Maindreiecks, an der Saale und an der Tauber. Je nach Feinerdegehalt und Sandbeimischung wachsen auf Muschelkalk gehaltvolle bis schwere Weine erdhafter Prägung und alle Rebsorten

Am Steigerwaldabfall und am Obermain bei Haßfurt herrscht der Mittlere Keuper, der Gipskeuper und der Sandsteinkeuper vor. Die Keuperböden haben eine große Mächtigkeit, die wasserhaltende Kraft und der Nährstoffhaushalt ist gut. Auf den Keuperböden gedeihen ebenfalls alle Rebsorten. Die Südlagen des Schwanbergs und des Frankenbergs zählen zweifelsohne zusammen mit den Südlagen des Maines zu den besten in Franken. Keuperweine sind fruchtig, rassig, kräftig, lange lagerfähig.

IV. Die fränkische Weinlandschaft

Die Rebe, das alte Sinnbild der Kultur, ist unser edelstes Gewächs, und die Rebhänge sind ein Wahrzeichen für eine ganz besondere Art von Land und Leuten. Der Begriff alter, reicher Kultur und ausgeprägten, bodenständigen Volkstums ist mit unseren Weinbaugegenden ebenso eng verbunden wie derjenige landschaftlicher Anmut, von Sonne und Wärme. Wir freuen uns des heiter romantischen Zuges, der über diesen gesegneten Gauen liegt und erinnern uns dankbar daran, wie die Landschaft und der Wein Dichtern und Künstlern Ruhe und Stimmung gab zu vortrefflichen Werken.

Ein solches Weinland ist Franken. Seine Rebhänge und Winzerorte sind der ausgeprägteste Zug in seinem Landschaftsbild. Die Harmonie des Frankenlandes ginge verloren, würde man den Weinbau wegnehmen.[12]

Wer aber Franken aufmerksam durchwandert, der wird auf Schritt und Tritt den Spuren einer einstigen viel weiteren Verbreitung des Weinbaus begegnen. Und man kann in den Archiven nur mit Staunen feststellen, daß Land auf Land ab in 600 Ortschaften von der Rhön bis zum Steigerwald, von der Tauber bis zur Saale auf 40 000 ha die Rebe gebaut wurde. Heute baut man in 200 Ortschaften rund 4200 ha Reben. 6000 Winzer sind es, die sich der Gunst der Witterung unterwerfen. Franken ist ein beglücktes Wein-Land, aber auch ein viel geprüftes. Die Zahlen der Statistik geben ein klares Bild. Es betrug die Rebfläche Frankens (Unterfranken) (nach Welte)

Jahr	Fläche
1853	10 465 ha
1863	10 750 ha
1878	8 981 ha
1905	6 266 ha
1925	4 134 ha
1950	2 485 ha
1979	4 145 ha

Von 1863 bis 1925 ist ein Rückgang um mehr als 60 Prozent zu verzeichnen. In der gleichen Zeit in Württemberg dagegen nur um 40 Prozent, im Elsaß um 19 Prozent, während in der Rheinpfalz und in Rheinhessen die Rebflächen in diesem Zeitraum sogar erheblich gewachsen sind. Es zeigt sich darin klar die exponiertere Lage des fränkischen Weinbaugebietes.

Im Jahre 1925 berichtet der damalige Bezirksfachberater für Weinbau, Landwirtschaftsrat Blümm, folgendes: »Der Weinbau in Franken, der in vergangenen Jahrhunderten als die Haupteinnahmequelle des Landes gelten konnte, hat eine alte ruhmreiche Vergangenheit hinter sich. Wenn auch die ehemaligen, ungeheuren Rebflächen zum großen Teil anderen Kulturen weichen mußten, so hatte dieser Rückgang des Weinbaues in Franken doch das eine Gute zur Folge, daß der Weinbau fürderhin nur in guten und besten Lagen betrieben wurde, also dem ehemaligen Massenanbau der Qualitätsweinbau folgte. Während in vergangenen Jahrzehnten der fränkische Winzer sein Heil im Anbau möglichst vieler Rebsorten suchte, gewann noch in den Vorkriegsdezennien der Anbau der Rebe in reinem Satz die Oberhand. Die von Natur aus zum Weinbau bestimmten, zum großen Teil mit Riesling und Sylvaner nunmehr bestockten Rebhügel Frankens konnten dann auch Weine voll Kraft und Würze hervorbringen, die in guten Jahrgängen den Wettbewerb mit den edelsten Spitzenweinen anderer Weinbaugebiete nicht zu scheuen brauchten.«

Die Weinbaufläche Mainfrankens ist heute klein geworden. Es hat sich eine natürliche Auslese vollzogen. Der Rebbau hat sich gesundgeschrumpft und auf das absolute Weinbergsgelände zurückgezogen. Vom Qualitätsgedanken aus gesehen ist dies zu begrüßen.

> Da sich stets die neuen Tage
> Aus dem Schutt der alten bauen,
> Kann ein aufmerksames Auge
> Rückwärts blickend vorwärts schauen.
> (Weber, Dreizehnlinden)

V. Der Frankenwein

Der Wein im Bocksbeutel gilt unter den deutschen Weinen als eine Besonderheit von hoher Qualität, der seine eigene Seele hat, deren Grundzüge Charakter und Erdverbundenheit sind. Der Wein ist das Produkt der Erde, der menschlichen Arbeit und der Frucht des Weinstocks. Die Seele des Frankenweins zu studieren und aufzuschließen ist die Kunst des Weingenusses eines begabten Menschen.

Wer so den Wein genießt und seinen Hintergrund in sich aufnimmt, wird bald das schöne Frankenland mit seinem »Reichtum am Wege« schätzen; denn willst du Land und Leute kennenlernen, mußt du seine Weine trinken! Im Bocksbeutel spiegelt sich all das wider, was man Franken nennt.

Zu allen Zeiten und in allen Berufen hat es Freunde des Frankenweines gegeben. Und zu einer Zeit, da mancher deutsche Wein das Geheimnis seiner Seele wegen augenblicklicher wirtschaftlicher Vorteile vernachlässigte, stellte man mit Freude fest, wie echte und rechte Weinkenner immer mehr den Frankenwein entdeckten.

Das Loblied des Frankenweins hat viele Strophen, und schon um 1179 schreibt die heilige Hildegard von Bingen: ... der fränkische Wein läßt das Blut gleichsam aufwallen ..., Frankenwein – Krankenwein war ein beliebter Spruch.

Mehrere Denkmünzen ließ man wegen der besonderen Wirkung des Frankenweins bei Pestzeiten prägen. ... er siegt und heilt! »Franken ist ein gesegnetes Land«, sagt Goethe im Götz von Berlichingen. Er, der begnadetste aller Zecher, schrieb an seine Frau Christiane: »Sende mir noch einige Würzburger, denn kein anderer Wein will mir schmecken, und ich bin verdrießlich, wenn mir mein gewohnter Lieblingstrank abgeht.«

Über die Qualität und die wohltuende Wirkung des Frankenweines schreibt im Jahre 1782 ein Weinkenner: »Wo ist sonst ein Wein, dessen Bestandteile so gut vermischet und vereiniget sind und der zwischen den süßen, den feurigen und den sauren Weinen das Mittel hält?«

VI. Der fränkische Winzer

Die besondere Landschaft und Betätigung hat auch einen besonderen Menschenschlag zur Folge. Der Winzer ist aufgeweckt, lebhaft, fortschrittlich, aber auch zum Räsonieren geneigt. (Diese Charakterisierung lesen wir bei Dr. A. Welte im J. 1934.) Der äußerst zerstückelte Grundbesitz, den der Weinbau mit sich bringt (erst durch die Flurbereinigung wurde dies wieder besser), die harte, oft um ihren Lohn betrogene Arbeit im steilen, steinigen Gelände, das enge Zusammenwohnen in den geschlossenen Dörfern und die schwierigen sozialen Verhältnisse erzeugen diese Eigenschaften. 1545 schreibt Daniel Stierbar zu Würzburg über die leichte Art der fränkischen Häckerbevölkerung: »Die Häcker sind sehr zerrhaftig; sitzen Tag und Nacht beim Wein, sparen nichts für sich als etwa die an anderen Orten, die nit allzeit Wein trinken.«

1815 berichtet der königl. Hofkommissär Frhr. Max von Lerchenfeld aus Würzburg an die bayerische Regierung über den fränkischen Volkscharakter. Nachdem er den Fleiß, die Sparsamkeit, das solide Gehabe und die Wohlhabenheit der Gaubauern gerühmt, fährt er fort: »Anders verhält es sich mit den Bewohnern jener Gegenden, wo der Weinbau vorzugsweise getrieben wird. Der beständige Wechsel von Überfluß und drückendem Mangel je nach dem Gelingen und Mißlingen der Ernte, muß da notwendig auf die Sitten nachteilig wirken; allenthalben ist der (Weinbauer) bei seiner Armut leichtsinnig, unordentlich in seinem Hauswesen, zu Ausschreitungen geneigt ... Nirgends sind die Ausstände an den landesherrlichen Abgaben zahlreicher, ... als eben da. Nirgends gibt es mehr Streithändel, boshafte Beschädigungen des Eigentums und Äußerungen von Denunziationssucht.«

Bei diesem harten Urteil darf man aber nicht vergessen, daß es zu einer Zeit geschrieben ist, in der mit dem Verfall des Weinbaues eine schlechte Zeit für den Winzer begann. Der Rückgang des fränkischen Weinbaues im vorigen Jahrhundert wurde durch die Gründung von Genossenschaften zwar nicht sofort gestoppt, doch konnte im Zusammenhang mit der

1954 begonnenen Flurbereinigung ab 1960 etwa eine bis 1980 großartige Aufwärtsentwicklung eingeleitet werden. Der Weinbau erfordert als unsere intensivste Kultur sehr viel Fleiß, Ausdauer und Sorgfalt. Eigenschaften, die nur durch sehr langes und enges Verwachsensein mit dem Boden und der Rebe verliehen werden. Der heutige Winzer weiß, daß nur Stetigkeit zum Erfolg führt und daß naturgegebene oder allgemeinwirtschaftliche Rückschläge einkalkuliert werden müssen. Der heutige Winzer ist nicht mehr der angebliche Hallodri der vergangenen Jahrhunderte, dessen Zünfte man auflöste, sondern er ist ein Unternehmer, dessen vornehmste Aufgabe es ist, möglichst guten und bekömmlichen Wein zu bereiten, seinen Mitmenschen und sich selbst zur Freude.

Die Weinjahre vor Christi Geburt

Im Jahre 3845, im 126. Jahr vor Christi Geburt, ist in Italien ein so gutes Weinjahr gewesen, daß dieser Wein 200 Jahre gut gewesen sei (»gerecht und gut«)[1]
Das berühmteste Weinjahr der Römer war das Jahr 121 vor Christus. Nach Plinius herrschte in diesem Jahr »Kochwetter«.[3]

Unter eines guten Herrn Schatten
wächst der Weinstock gern.
16. Jahrhundert

Eins Fränckischen gemeinen Burgers Weib.

Eins Fränckischen Burgers Ehweib
Die sparet gar nicht ihren Leib/
Ist fleissig willig vnd bereit
Zu aller häußlichen Arbeit/

Sie zihet ihre Stiffel an/
Vnd rüstet sich gleich wie ein Mann/
Mit Kötzen/Karst auff ihrem Rück/
Bauwet den Weinberg auff gut Glück.

Die Weinjahre nach Christi Geburt

91	Vorzügliches Weinjahr bei schlechter Getreideernte.³
300	Kalter Winter.³
306	Kalter Winter.³
312	War ein totales Mißjahr und sehr teure Zeit an Wein und anderem.¹
411	War in der ganzen Welt an Wein und Getreide und anderen Lebensmitteln ein großer Mangel.¹
545	War wieder ein völliges Mißjahr an Wein und Getreid.¹ (Merkwürdiges Ereignis: Im Jahre 593 war eine große Wassersnot in Rom, diese richtete schrecklichen Schaden an bei Mensch und Vieh, »nach dessen Ablauff, blieb eine große Menge Schlangen, und ein abscheulicher Drach zurück, von deren giftigen Gestanck hernach die Pest entstanden, welche die Menschen, so dabey geniesset, gemeiniglich in 24. Stunden, hingerafft, von daher die noch heute zu Tag übliche Gewohnheit entstanden, daß man zu denen Niessenden saget; Gott helfe!«)¹
604	War abermals ein Mißjahr, und ist der Wein sonderlich in Franken gar schlecht geraten.¹
638	Große Hitze, so daß die Quellen versiegen.³
721	War ein gar fruchtbares Jahr an Wein und Getreide.¹
742	War ein heißes und dürres Jahr, »dannenhero« auch guter Wein gewachsen sein soll.¹
764	Sehr kalter Winter, heißer Sommer, reiche Ernte.³
765	Gesegnete Ernte (König Pipin befahl deshalb ein Dankfest).³
779	War in der ganzen Welt Mangel an Wein, Getreide und aller »Nothdürffte«, deshalb Hunger und große Not.¹ Auch die nachfolgenden Jahre waren Mißjahre, die man als Strafgericht Gottes bezeichnete.³
809	Vollständiges Mißjahr.³
818	Ist wenig Wein und Getreide gewachsen, war großer Hunger und Teuerung.¹
820	War wenig Wein gewachsen und ist wegen nassen Wetters kaum zeitig geworden.¹
828	Gutes Weinjahr.³
844	Milder Winter bis zum Februar.³
845	Sehr harter Winter.³
846	Unwetter im Mai.³
855	Sturm, Hagel, Erdbeben.³ »Schlug das Wetter in St. Kilians-Kirche zu Würzburg, und verbrannte sie zu Grund.«¹
856	Winter sehr hart und trocken.³
858	Unwetter mit Überschwemmungen.³
860	Langer, harter Winter bei fortwährendem Schnee und Eis.³
864	Teuerung, Seuchen, Reben verdorben, heißer Sommer.³
874	Langer, strenger Winter mit ungeheuren Schneemassen.³
879	Große Hitze, Bei Worms fallen Feldarbeiter tot nieder.³
882	Gutes Weinjahr.³
889	Mangel an Wein.³ Kalt.¹¹
890	War an Wein und Brot wiederum große Not.¹
893	Schwerer Winter.³

Jahr	Ereignis
898	War wiederum ein sehr hartes Jahr, es fehlte an Wein und Brot.[1]
930	War in Deutschland an Wein, Getreide u. Lebensmitteln große Not.[1]
933	Kalter Winter, Menschen und Tiere litten Not. Heißer Sommer, alle Feldfrüchte verdorrten. Große Teuerung und Seuchen im Herbst.[11]
940	Harter Winter.[3]
968	Verursachten die vielen kalten Winde, daß Wein, Getreide und Obst gänzlich Schaden gelitten.[1]
983	Große Trockenheit, Hungersnot.[3]
984	War wieder einmal ein warmer Sommer und ein sehr gutes Weinjahr.[1]
987	Große Trockenheit, Hungersnot.[3]
988	War die Witterung sehr fruchtbar »dannenhero der Wein und ander Lebens-Nothdurfft wohl geraten.«[1] Große Trockenheit, Wein sehr gut, Hungersnot.[11]
900	Heißer Sommer. Guter Wein (treffliches Weinjahr).[1]
990	War ein sehr heißer Sommer und trefflich Weinjahr.[1] Heißer Sommer, Wein recht gut.[11]
993	Große Hitze, viele Früchte verbrennen, guter Wein.[3]
994	Kalter Winter, heißes Jahr, guter Wein.[3]
995	Ist abermals ein dürrer und warmer Sommer erfolgt und der Wein wohl geraten.[1]
999	Nasser Winter und Sommer.[3]
1000	Große Hitze, viele Flüsse vertrocknen, die verwesenden Fische erzeugen Krankheiten; guter Wein.[3]
1004	Wuchs wieder sehr guter Wein.[1]
1005	Große Hungersnot.[3]
1007	In diesem Jahr ist der Sommer abermals hitzig, und der Wein gut gewesen.[1] (Sehr guter Wein.)[3]
1010	Kam wieder Mangel an Wein, Getreid und allem »Benöthigten«.[1]
1022	Menschen und Tiere sterben vor Hitze.[3]
1043	Sommer kalt und naß. Trauben unreif. Im Herbst erfroren. Mangel an Früchten und Wein.[3]
1044	Außerordentlich kalter Winter, die Reben erfrieren. Gar kein Wein.[3]
1048	Kalter Winter bis März. Mißjahr.[3]
1055	Mißwuchs. Teuerung. Großes Sterben.[3]
1056	Kolossale Hitze im Sommer. Hunger und Teuerung.[3]
1057	War wieder ein sehr schlechtes Jahr; der Weinstock ist völlig erforen.[1] Strenger schneereicher Winter, Kälteschaden, Fehlernte.[11]
1058	Sehr fruchtbares Jahr.[3]
1061	War wieder Mangel an allem und große Not, sonderlich in Franken. Pestilenz und teure Zeit.[1] Wein an Menge und Güte schlecht.[11]
1062	Teuerung.[3] Furchtbare Pest.[11]
1063	Erfror der Weinstock in Franken abermals. (In diesem Jahr hörte man von »schröcklichen Wasser-Fluthen«).[1]
1066	Sehr gelinder Winter.
1067 1068	So großer Frost, daß bis zum Herbst 1069 kein Wein mehr für die Messe aufzutreiben ist.[2]/[3]

Jahr	Ereignis
1069	War durch Gottes Segen so viel Wein gewachsen, daß man solchen kaum zu füllen wußte.[1] Gut an Menge und Güte.[11]
1070	Ist der Weinstock erfroren und großer Mangel an Wein gewesen, »ohngeachtet nun im vorigen Jahr erst ein Überfluß da war.«[1]
1076	In diesem Jahr fiel schlechtes Wetter ein, und es war wieder ein völliges Mißjahr.[1]
1077	Strenger, langer Winter. Viele Reben erfroren.[3]
1090 bis 1097	Ist abermals Wein und Getreid umgeschlagen und folgte eine achtjährige Teuerung, Jammer und Not.[1]
1092	Sehr große Teuerung, Pest und Hungersnot.[11]
1107	An Weihnachten aß man frische Erdbeeren und Bohnen wie sonst nur im Juni, jung und frisch.[3]
1118	Guter Wein.[3]
1124	Frost um Pfingsten, Ende des Jahres Frost und tiefer Schnee.[3]
1125	War eine recht betrübte und traurige Zeit, sonderlich in Franken, indem nicht nur Wein und Getreid sondern auch viele Leute, Tiere, Vögel, Fisch und Bienen »vor« allzugroßer Kälte erfroren sind.[1] Schlechter Wein.[3]
1126	Überaus kalter Winter, Vögel fallen tot aus der Luft, viele Menschen erfroren.[3]
1130	Guter Wein, heißes Jahr.[3]
1132	Große Trockenheit, der Rhein vertrocknet am Oberlauf im Elsaß.[3]
1135	Unerhörte Dürre, Flüsse vertrocknen. Wälder entzünden sich.[3]
1138	Viel Wein, fruchtbares Jahr.[3]
1150	Sehr strenger Winter.[3]
1151	War abermals große Teuerung und Hungersnot in Franken.[1] Viel Regen, Trauben halb reif.[3] Sehr späte Weinlese. Menge unbefriedigend.[11]
1152	Viel Wein. Die geringeren Weine wurden vielfach verschenkt.[3]
1155	Kalter Winter, trocken, warmer Sommer.[3]
1157	Ungünstiger Jahrgang.[3]
1158	Sommer sehr heiß und trocken. Guter Wein.[3]
1165	Harter Winter.[3] Mißwachs der Feldfrüchte.[11]
1166	Schenkte der liebe Gott wieder ein gutes Getreide- und so reiches Weinjahr, daß von dem Überfluß an vielen Orten der Kalk zum Bauen mit angemacht wurde.[1]
1167	Erdbeben. Hagel.[3]
1171	Große Hitze.[3]
1174	War ein kalter Sommer und schlechter Wein gewachsen.[1]
1177	Gab es einen heißen und trocknen Sommer, auch recht guten Wein.[1]
1180	Viel und guter Wein, wohlfeile Zeit.[3]
1181	Viel und guter Wein, wohlfeile Zeit.[3]
1182	Gelinder Winter, schon an Lichtmeß Früchten an manchen Bäumen. Viel und guter Wein.[3]
1185	Hauptwein! Auch ist in diesem Jahr ein herrlicher Wein in Menge gewachsen. Die Weinlese war schon im August.[1] »Anno 1185 ist so eine warme Zeit gewesen, daß um Bamberg und im Franckenland im

Das »Traubenwunder« von Frickenhausen a. M. im Jahr 1577. Ein Auge bringt achtzehn Trauben hervor.

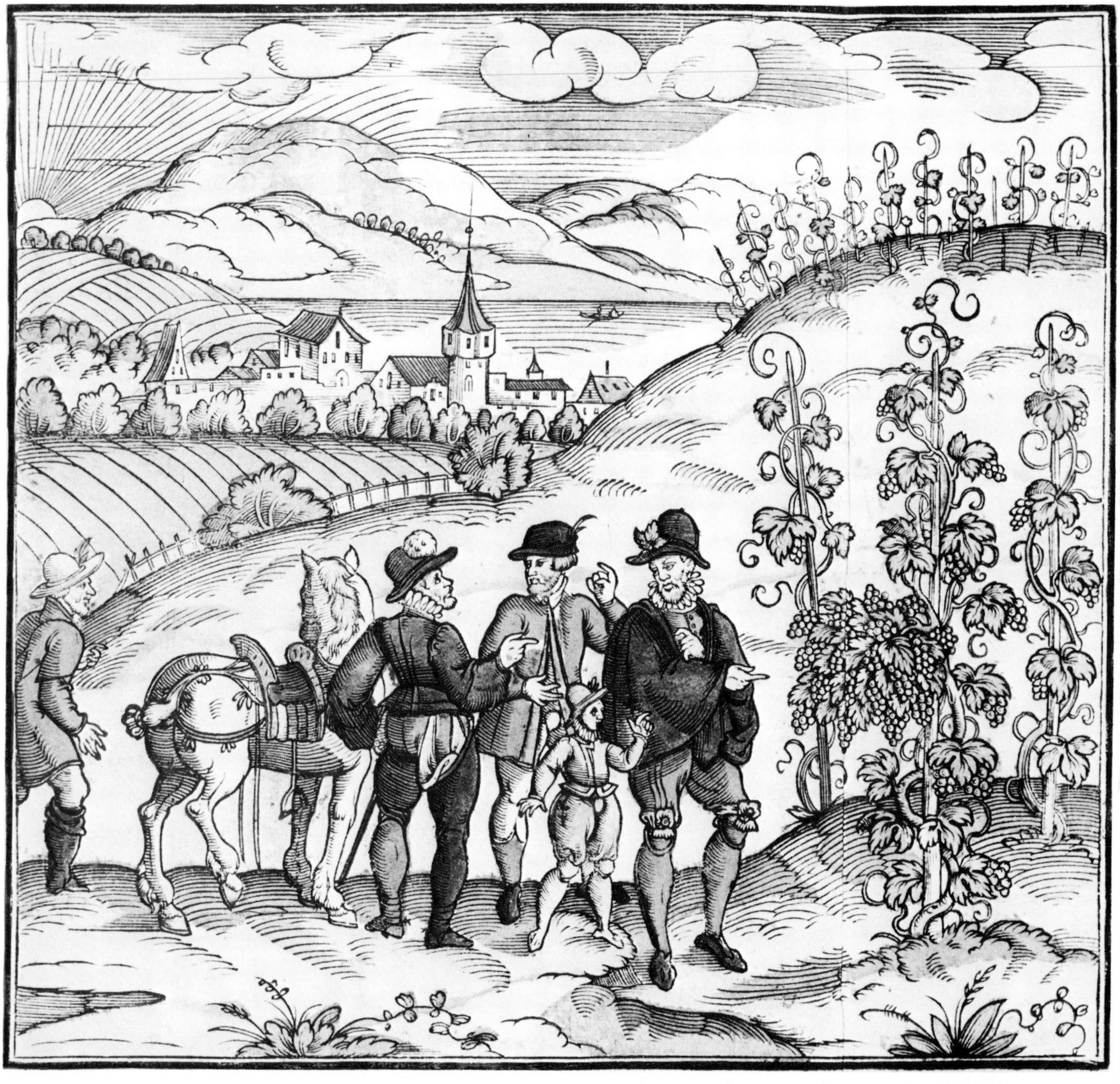

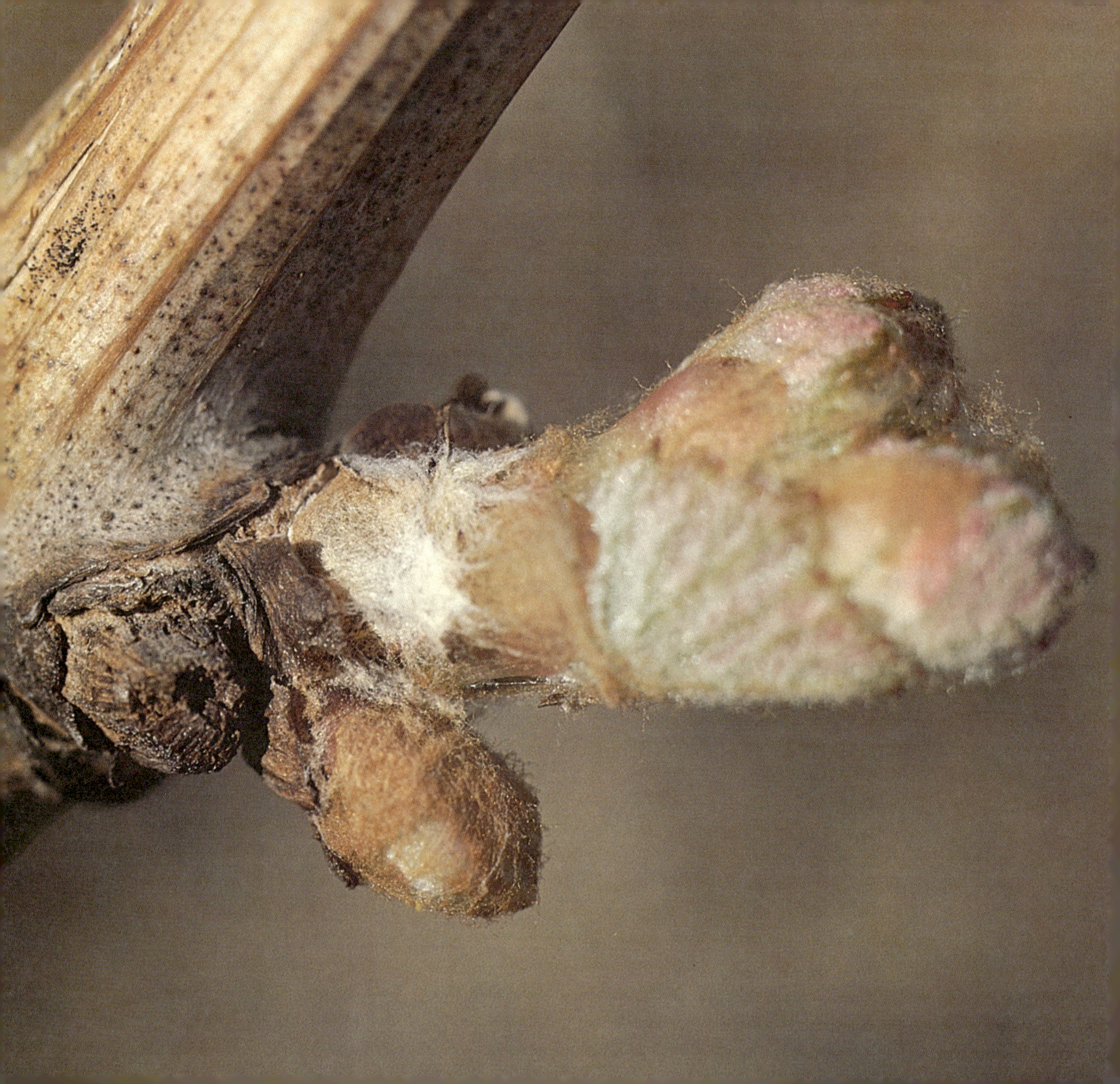

December, Januar und Hornung die Bäume geblühet sammt den Weinstöcken, die Frücht im Mayen und die Trauben im Augusto zeitig worden ... aber im folgenden Jahr an Pfingsten alles erfroren.«²

Am 1. August Beginn einer reichen zuckersüßen Weinernte.¹¹

1186 So warm, daß im Januar schon Baumblüte, aber an Pfingsten großer Frostschaden. Guter Wein.³

1187 Anfangs gelinder Winter, aber vom März an strenge Kälte bis in den Mai, die viel schadete an Reben und Bäumen. Schnee noch am 17. Mai, kalt bis in den Juni. Wenig und schlechter Wein.³

1191 War ein totales Mißjahr und große Teuerung.¹ In Schwaben viel und guter Wein.³

1194 Große Hitze. Dürre. Schwere Hagelwetter. Vortreffliche Weinlese.³

1195 Von Johanni bis Weihnachten viel Regen. Späte Weinlese.³

1196 Unaufhörlicher, verderblicher Regen.³

1197 Mangel an Wein bis zur Lese. Weinlese spät und ergebnislos. Teuerung, Hungersnot.³

1198 Teuerung, kolossale Dürre, wie nicht seit 100 Jahren.³

1200 Große Dürre von Mitte März bis Anfang Mai. Viel Wein mittlerer Güte.³

1201 Langer Winter vom Martinstag bis 1. März. Wein teuer. Viel Wein mittlerer Güte.³

1202 Wein wenig aber gut.³

Jahrestrieb mit schwellendem Auge (Knospe). Zwischen Mitte April und Mitte Mai treibt der Rebstock aus.

1205 Sehr kalter Winter – in fünf Intervallen – Sommer trocken. Unerträgliche Hitze. Spärliche Weinernte.³

1206 Bis Mitte Januar große Kälte, dann warm bis Ostern. Gute Ernte, vortreffliche Weinlese.³

1207 Kalter Mai mit Frost. Eis am 5. Juni. Ziemlich frühe Lese. Kalter Oktober verdarb fast allen Wein.³

1208 Rebblüte schon Anfang Mai.³

1210 Langer, rauher Winter (in Sachsen erfroren die Weinberge), späte Blüte.³

1211 Rauher Winter. Mangel an Wein wegen des Frostschadens. Trockner Sommer. Überfluß an Feldfrüchten.³

1212 Mäßiger Winter. Große Hitze im Juli.³

1213 Langer aber mäßiger Winter.³

1217 Viel Wein.³

1218 Winter »ohne Winter und Schnee«.³

1219 Ist der Weinstock abermals erfroren.¹ Die Weinstöcke müssen im Sommer wegen der Frostschäden ausgehauen werden.² Grimmige Winterkälte.¹¹

1220 Warmer, nasser Winter. Wein schlecht und teuer, »nicht blos für die Armen sondern auch für die Reichen.«³

1221 Sehr kalt im Januar.³

1225 Überaus kalter Winter, zweijährige Teuerung.³

1228 Heißer Sommer, Hauptwein. Es war ein solch heißer Sommer, daß man ein Ei im Sand sieden konnte. Die Reben blühten im April.³ Der Most wurde sehr wohlfeil, daß man 2 Maß um 1 Pfennig kaufen konnte.¹

1231 Große Teuerung.³

1232 Sehr heißes Jahr, guter Wein.³

1234 War ein unglaublich kalter Winter, daß der Wein in Kellern und Fässern und auch der Weinstock unter der Erde erfroren.[1]
1236 Viel Wein mittlerer Güte.[3]
1237 Wenig Wein, ungünstiger Sommer.[3]
1239 In ganz Deutschland erfroren die Reben, verdorrten im Sommer und wurden vielfach ausgehauen. Wein sehr teuer.[3] Der Würzburger Archivar Mag. Lorenz Fries bestätigt dies auch besonders für Würzburg und das ganze Frankenland.[2]
1248 Frost Ende Mai. Die Reben erfroren. Teuerung.[3]
1251 Viel Wein.[3]
1253 Viel Wein.[3]
1254 Mißjahr.[3]
1255 Feuchtes Jahr. Viel aber saurer Wein. Wegen Mangel an Fässern bleiben viele Trauben hängen. Beim Häuserbau soll der Mörtel manchmal mit Wein angesetzt worden sein. Wohlfeile Zeit.[3]
1258 Sehr trockener Winter, nasser Frühling und Sommer. Viel aber sehr geringer Wein. Die gefrorenen Trauben wurden mit Säcken heimgetragen und mußten der Kälte wegen mit Schuhen getreten werden.[3]
1259 Guter Wein. Es war wieder ein sehr hitziger Sommer; es wuchs ein vortrefflicher Wein in Franken.[1]
1260 Große Hitze.[3]
1266 Fruchtbares Jahr, viel guter Wein.[3]
1268 Das Jahr war gut und in allem gesegnet.[3]
1269 Es wuchs ein guter Wein.[3]
1270 Trocknes Jahr, guter Wein.[3]

1271 Sehr fruchtbares Weinjahr. Viel und gut. Der Wein faulte an den Stöcken.[3]
1272 Furchtbare Kälte im Dezember. Mißjahr, wenig und schlecht.[3]
1273 Wenig Wein, da um Weihnachten erfroren.[3]
1274 Warmer Winter, 19. Sept. Reif im Elsaß.[3]
1275 Verfaulten alle Feldfrüchte. Der Wein dieses Jahres konnte seiner Säure wegen nicht getrunken werden.[4] Mai bis Herbst Regen. Viel, aber fast ungenießbarer Wein. Später Hungersnot.[3]
1276 Große Hitze, Futtermangel. Am 5. April erfroren die Triebe der Reben. Am 15. Juli gab es schon eßbare Trauben.[3]
1277 Harter Winter. Der Rhein fror zu. Große Sommerhitze. Futtermangel. Das Jahr war reich an allen Erzeugnissen.[3]
1278 Warmer Winter. Frost 16.–18. Mai. Es gab sehr viele Mäuse.[3]
1279 Strenger Winter, wenig, aber sehr guter Wein. Am 14. April erfroren die Reben. Der Wein war sehr kostbar.[3]
1280 Guter Wein. Teuerung, Hungersnot. Abnormes Jahr. Wassernot. In Bayern am 17. Juli Schnee.[3]
1281 Schnee von Lichtmeß bis Ostern, so tief wie ihn niemand erlebt hatte. Teuerung an Wein. Der Schoppen kostete mehr als was vorher eine Ohm gekostet hatte.[3]
1282 War in ganz Deutschland grausame Hungersnot und Teuerung, die kaum zu beschreiben, also wieder ein schlechtes Weinjahr.[1] Wein gut und teuer. Vom 7. bis 13. Januar furchtbarer Schnee und große Kälte.[11]

1283 Am 18. Mai erfroren die Reben. Der Winter war warm. Am 25. März waren Schößlinge und Blätter an den Weinstöcken. Wenig Wein.³

1284 Am 28. Mai verdarben viele Weinstöcke (abnorm später Frost!). Guter Wein.³

1286 Überfluß an allen Gütern.³

1287 Wenig Wein.³

1288 Am 15. April gingen die Weinstöcke durch Frost zu Grunde.³

1289 Sehr gelinder Winter ohne Schnee, das Laub blieb an den Bäumen bis das neue an Weihnachten ausschlug, im Januar Baumblüte, April Traubenblüte, dann im Mai Frost und Schnee, der alles tötete, es schlägt aber alles wieder aus und wird wohlfeil. Weinlese im August.³

1290 Sehr gelinder Winter. Um Weihnachten Baumblüte. Viel Wein.³

1291 Kalter, langer Winter. Es wuchs ein trefflicher Wein.³

1292 Wenig Wein. Strenge, langanhaltende Kälte, wodurch die Reben litten.³

1293 Warmer, trockener Sommer, guter Wein im Überfluß.³

1294 Große Hitze. Gutes Weinjahr.³

1295 Sehr viel guter Wein.³

1296 Schickte Gott wieder ein fruchtbares Jahr und gab einen so reichen Weinsegen, daß man den Firnwein wenig achtete und aus Mangel an Fässern viel wegschüttete, um nur den guten Most zu füllen.¹

1297 Reife Trauben am 4. August. Fülle trefflichen Weins.³

1298 Viel Wein mittlerer Güte.³

1300 Sehr viel Wein, man ließ den alten umsonst anbieten. In Franken großer Raupenfraß.³

1301 Sehr frühes Jahr, wie 1290.³

1302 Am 24. Januar und den darauffolgenden Tagen verdarben die Weinstöcke. Saurer Wein.³

1303 Nach Spätfrost gedieh der Wein in einem heißen Sommer vortrefflich.³

1304 Warmer Winter. Am 23. Juni reife Trauben. Kolossale Hitze, ohne Regen. Es wuchs ein trefflicher Wein.³

1305 Lang hielt der Winter an. Alles erfroren.³

1306 Reben erfroren.³

1307

1308 erfroren jedes Jahr die Reben.³

1309

1310 Wegen Nässe und kalten Wetters ganz schlechtes Weinjahr, dessen man sich kaum erinnern konnte. Teuerung. Raupenfraß und Schaden durch Mäuse.³/¹

1311 Sehr kalter Winter, nasser Sommer, alles verdorben, kein Wein.³

1312 War infolge des vielen Regens und der starken Ungewitter ein gänzliches Mißjahr.⁴

1313 Reben erfroren, große Pest. Mißraten.³

1314 Dürrer Sommer kein Tropfen Regen 13 Wochen lang; kein Wein, alles ausgebrannt.³

1315 Viel Regen, sehr wenig Wein, Teuerung.³

1316 Kalter Winter, geringer Wein, Hungersnot.³

1317 Alles unter tiefem Schnee erstickt, sehr wenig Wein, sehr teures Jahr.³

1318 Fruchtbar, viel und sehr guter Wein.³

1319 Viel und guter Wein, an anderer Stelle: Wein sauer.³

1320 Wein sauer, nasses Jahr, das siebenjährige Teuerung nach sich zieht.³

1321 Kein Wein, regnerisch, Mißwachs; an anderer Stelle: Wein ziemlich gut.³

1322 Mißwachs, kein Wein.³

1323 Kalter Winter, der die Reben tötet, erfroren noch einmal am 24. Mai, saurer Wein.³

1324 Kalter Winter, viel erfroren.³

1325 Viel Schnee, Sommer naß, viel saurer Wein.³

1326 Ziemlich viel Wein.³

1327 Schlechter Wein.³

1328 Sehr viel und ausgezeichneter Wein. Gelinder Winter. Bäume blühen im Januar, Reben im April, 14 Tage n. Jakobi Weinlese.³

1330 Guter Wein. Es war wieder ein heißer Sommer und treffliches Weinjahr in Franken.¹

1332 »War ein recht überschwenglich reiches Weinjahr, und hat der Wein-Zehend zu Randersacker in diesem Jahr 260 Fuder, das folgende aber nur 12 Fuder ertragen, welches zum ewigen Andenken über dem Thor des Zehend-Hofes allda, in Stein eingehauen zu ersehen ist.«¹

»Dreizehnhundertundzweiunddreißig nach Christi Erscheinung gab es des Weines so viel, daß hier um der Pfennig fünfe oder auch ganz umsonst den Eimer bekommen ich konnte.«²

»Im Jahr des Herrn 1332 wuchs eine so gewaltige und unerhörte Menge Weines, daß auch in Würzburg und im Frankenland Hallen und Thurmgelasse mit Wein (-Fässern) aufgefüllt wurden und daß wegen Mangels an Gebinden viel Wein auf dem Felde in den Trauben blieb.«²

1333 Reicher Herbst, sehr guter, sehr wohlfeiler Wein. Viele Trauben bleiben aus Faßmangel hängen.³ In Franken jedoch wenig Wein.⁴

1334 Viel Wein.³

1335 Spätjahr sehr naß, großer Sturmwind, Mißjahr.³

1336 Reicher Herbst.³

1337 Reicher Herbst. Auch in Sachsen reiches Weinjahr.³ Ein gut Teil Trauben blieb an den Stöcken hängen, weil es an Fässern mangelte.⁴

1338 Im Sommer kommen Unmengen Heuschrecken, die alles auffressen. Wenig Wein. Hungersnot. Am 18. Okt. Schnee und Kälte.³

1339 Warmer Sommer.³ Große Heuschreckenschwärme verheerten das Land, sie verzehrten alles was grün war.²

1342 Schlechter Wein, sehr nasser Sommer.³

1343 Kein Wein. Nach furchtbarer Sommerhitze, die alles verbrennt, kommt schon zwischen dem 3. und 13. September Frost.³

1346 Großer Verderb der Weinberge in ganz Deutschland. Frost vom 10. bis 15. September. Nur wenig Wein kam davon.²,³

1347 Viel Wein, der aber am 7. Sept. und im Oktober erfror. Mancherorts blieb nicht einmal einhundertstel übrig.²

1348 Erdbeben und schwarzer Tod zwei Jahre lang.³ Am 19. und 21. April sind in Franken alle Weinberge vom Frost versengt zu Grunde gegangen.¹¹

1349 Sind am 19. und 21. April um die »Morgenröthe« und vor Aufgang der Sonne fast alle Weinberge in Franken und anderwärts vom Frost versengt zu Grunde gegangen.²

24

1352 Mittleres Jahr, Sommer sehr heiß, der vorausgehende Winter sehr kalt.[3]
1353 Verderbliche Ungewitter.[3]
1355 Mittelmäßig.[3]
1356 Erdbeben am 14. Mai.[3] Große Pestseuche.[11]
1357 Fruchtbares, aber spätes Jahr. Wein sehr sauer.[3]
1358 Sehr strenger Winter. Seuchen. Sehr kalter Herbst. Trauben waren gefroren.[3]
1362 Sehr langer kalter Winter, sehr heißer, trockener Sommer, ausgezeichneter Wein.[3]
1363 Sehr kalter Winter von Weihnachten bis Mitte März. Die Reben erfroren.[3]
1364 Seuchen.[3]
1365 Langer, furchtbar strenger Winter, der Rhein war drei Monate zugefroren. Sommer schön. Fruchtbares Jahr.[3]
1366 Viel Wein, großer Mäusefraß. Teuerung.[3]
1367 Schlechter Wein.[3]
1368 Reicher Weinertrag, mittelmäßige Qualität. Hungersnot.[3]
1370 Im Herbst alles erfroren; schlechter Wein.[3]
1371 Wein schlecht und teuer.[3]
1372 Ist ein sehr fruchtbares Weinjahr gewesen und galt die Maß 4 Pfennige.[1]
1373 War der Sommer sehr heiß, und es ist recht guter Wein (Hauptwein) gewachsen. Er war sehr teuer, die Maß kostete 4 Schillinger und die Metze Korn kostete ebensoviel.[1]
1374 Im Februar Hochwasser.[3]
1376 Fruchtbares Jahr.[3]
1378 Sehr wenig Wein; die Reben sind im Winter und Herbst erfroren.[3]
1379 Wohlfeiles Jahr. Reiche Ernte, besonders in Preußen.[3]

1382 War ein sehr gutes Getreidejahr, dabei ging das ganze Jahr über kein Wind.[1] Es war sehr feucht und der Wein sehr sauer.[3]
1383 Gelinder Winter. Wein viel und gut.[3]
1384 Viel und ziemlich guter Wein.[3]
1385 Wenig aber guter Wein.[3] Günstige Witterung, guter, teilweise auch reicher Herbst.[11]
1386 Viel Wein. Ein neues Faß kostete mehr als sein Inhalt.[1] Ein Fuderfaß kostet viermal so viel als der Weininhalt.[3] Der Würzburger Geschichtsschreiber Fries berichtet: »In dem 1386 jahr war so ein großer und reicher Herbst, daß man nicht faß gnug bekommen mochte, darein man den wein allen fasset. Im Sommer zuvor galt das fuder weins hie zu Wirtzburg 18, 19 und 20 fl.; aber nach dem Herbste wolte ein fuder nicht gern 2 fl gelten. Des genanten weins kauffte man ein fuder um einen fl., und muste man das fuder auch an den fassen um 2 fl. nehmen«, d. h. das Faß kostete doppelt soviel wie der Wein.[2] Hauptjahr, sehr viel und gut, ausnehmend billig.[11]
1387 Ebenso gutes Weinjahr wie 1386; die Bäume blühten schon vor Neujahr.[3]
1389 Guter Wein, frühe Traubenblüte.[3]
1390 Köstlicher Wein. Hauptwein. Ist zwar wenig, aber ein herrlicher Wein gewachsen.[1] Sehr billig, da sehr reichlich.[3]
1391 Wein schlecht.[3]
1392 Die Trauben erfroren Ende September. Man mußte sie mit Stößeln zerquetschen. Der sauer wie Holzäpfel schmeckende Wein erhielt den Namen »Rathsherr«.[2]

1393	Große Hitze, Wassermangel, Teuerung.[3] Hauptwein. Es ist wieder ein kostbarer Wein gewachsen. Man kaufte die Maß um einen Pfennig.[1] 1393 günstige Witterung. Viel und guter Wein. In Franken wurde die Maß um 1 Pfennig verkauft.[11]	1417	Guter Wein.[3]
		1418	Saurer Wein.[3]
		1419	Saurer Wein.[3]
		1420	War ein warmer Winter und so warmer Frühling, daß im April die Trauben blühten. Der Wein war gut.[1] Im Mai große Trauben; Ende August Weinlese; viel guter Wein. Hauptweinjahr, viel und gut.[11] An einzelnen Orten verderblicher Reif im Juni.[3]
1394	Waren wiederum gute Weinjahre, und diese		
1395	guten Weine waren sehr wohlfeil.[1] 1394 trok-		
1396	kener Sommer, gesegneter Herbst, viel und ausgezeichneter Wein.[11]		
1397	Gutes fruchtbares Jahr, alles früh.[3]	1421	Wein sehr gut; alles spottwohlfeil.[3]
1398	Viel Wein mittlerer Güte.[3]	1422	Wein sehr gut; alles wohlfeil.[3]
1399	Große Kälte, viel schlechter Wein.[3]	1423	Wohlfeiler Wein. Es war wieder ein gutes und reiches Weinjahr. In Nürnberg kaufte man die Maß um einen und den allerbesten um drei Pfennig.[1] Grimmige Kälte, daher wenig aber sehr guter Wein.[3]
1400	War in ganz Europa grimmige Kälte.[3]		
1401	War ein großes Mißjahr an allen Früchten.[1] Sehr nasses Jahr, völliges Fehljahr, Hungersnot.[11]		
1402	Sehr kalter Winter. Am 10. Mai erfroren die Reben.[3]	1424	Wein sehr gut, wohlfeile Zeit.[3]
		1425	In diesem Jahr blieben die Trauben am Stock hängen, weil man wegen der heftig wütenden Pest keine Leser bekommen konnte.[1] Wein sehr gut, alles spottwohlfeil.[3]
1403			
1404	Naß, regnerisch.[3]		
1405			
1406		1426	Dieses Jahr war so weinreich, daß man im Herbst das Fuder Most um zwei Gulden mitsamt dem Faß kaufen konnte. Viel Trauben blieben an den Weinstöcken und viel Wein wurde weggeschüttet.[1] Wein sehr gut, um Martini schlagen die Bäume wieder aus und blühen an Nikolaus. Um für einen Heller Wein zu trinken, muß man zweimal ins Wirtshaus kommen.[3] Fries berichtet: »... allenthalben war Mangel an Fässern, diese kosteten mehr als der Wein. In den kalten Lagen und Gründen hat man den Wein am Stock belassen; denn er hätte den Leserlohn nicht gedeckt ...«[2]
1407	Seuchen. Kalter Winter.[3]		
1408	Furchtbar kalter Winter, der sogar Waldbäume tötet.[3]		
1411	Viel Wein mittlerer Güte.[3]		
1412	Guter Wein.[3]		
1413	Guter Wein.[3]		
1414	War wieder ein gesegnetes Weinjahr; der Morgen hat drei Fuder Most getragen.[1] Wein sehr billig.[11]		
1415	Nasses Jahr.[3]		
1416	Die Bäume blühen am 6. Dezember, Felder und Gärten sind voll Blumen.[3]		

1427 Warmer Winter. Sehr viel aber schlechter Wein.[3]

1428 Warmer Winter. Wein gut. Pest von Fastnacht bis Weihnachten.[3]

1429 Winter und Frühjahr sehr kalt, Sommer naß, wenig und saurer Wein.[3]

1430 Ist Wein und Getreid erfroren.[1] Weinreben im Mai erfroren. Wein sauer und teuer.[3]

1431 Ziemlich viel Wein.[3] Kam wieder ein reiches Weinjahr, und hat mancher Morgen drei Fuder Wein getragen.[1] Es gedieh ein Wein von außerordentlicher Güte.[4] Es folgte ein sehr langer und harter Winter.[11]

1432 Einer der strengsten Winter (von Martinstag bis Mathiastag) guter Sommer, sehr guter und so viel Wein, daß man aus Faßmangel den alten ausschüttet oder den Mörtel damit macht.[3]

1433 War ein warmer Sommer und guter Wein.[1]

1434 Wein und Getreide ist in diesem Jahr erfroren; welches bei den schweren Zeiten und Kriegsläuften die Not merklich vergrößerte.[1]

1435 Mißernte.[3] Am 21. April erfror der Wein in Franken.[2]

1436 Wenig Wein. Pest bis 1439.[3]

1437 Ist der Weinstock auch wieder ganz erfroren.[1] Am Freitag den 10. Mai ist der Weinstock in Berg und Tal erfroren.[2] Wenig aber sehr guter Wein.[3]

1438 War wieder ein trefflich gutes Weinjahr, daß man die Maß wiederum um drei Pfennig bekommen konnte.[1]

1439 Tiefer Schnee, große Kälte.[3]

1440 Kalt, viel Schnee.[3]

1441 Dieses war wieder ein gesegnetes Jahr und reich an Wein und Getreid. Es folgte aber ein harter Winter und es fielen 36 Schnee aufeinander.[1]

1442 Ist der Weinstock abermals erfroren.[1]

1443 Ist der Weinstock abermals erfroren.[1] Strenger Winter, tiefer Schnee.[11]

1444 Sehr guter Wein.[3]

1445 Sehr viel Wein mittlerer Güte.[3]

1446 Schädlicher Frühlingsfrost, sehr große Hitze, wenig aber sehr guter Wein.[3]

1447 Frost im Sommer, Wein sauer.[3]

1448 Der Sommer war so heiß, daß die Quellen versiegten. Der Wein wuchs von solcher Güte und Stärke, wie man viele Jahre vorher und später keinen trinken konnte.[2] Fruchtbares Jahr, viel und guter Wein.[3]

1449 Ist am 15. Juni der Weinstock auf Berg und Tal erfroren.[1] In Sachsen reiches Weinjahr.[3]

1450 Fruchtbares Jahr. Viel guter Wein.[3]

1451 Viel Wein.[3]

1452 Pest.[3]

1453 Wein wenig, sauer und teuer.[3]

1454 Nasser Sommer. Viel aber saurer Wein.[3]

1455 War der Wein sehr viel wert, das Korn aber spottwohlfeil. Für 9 Maß Wein gab man 1 Malter Korn. Das Fuder Wein kostete 30–40 fl.[1]

1456 Naß und kalt. Wein wenig und sauer.[3]

1457 Im Sommer viel Platzregen, dann große Trockenheit. Ziemlich viel Wein mittlerer Güte.[3]

1458 Wenig Wein und wegen nassen Sommers gering in der Qualität.[3]

Jahr	Beschreibung
1459	Kaltes unfruchtbares Jahr. Reben im Frühjahr erfroren. Während der Blüte durch Nässe verdorben. Wenig und saurer Wein.³
1460	Alle Reben von Grund aus erfroren. Wenig Wein mittlerer Güte.³ Schäden durch Winterfrost.¹¹
1461	Ziemlich viel guter Wein.³
1462	Am 5. Mai Frost. Ziemlich viel Wein mittlerer Güte.³
1463	Kaltes Jahr mit viel Regen, wohlfeile Zeit, wenig Wein mittlerer Güte.³
1464	Wenig aber guter Wein, viel Getreide.³
1465	Sehr fruchtbares Jahr. Die Reben sind schon im Mai verblüht. Viel und guter Wein. Es fehlt an Fässern.³
1466	Spätes nasses Jahr, Wein wenig und sauer.³
1467	Viel und sehr guter Wein.³
1468	Sehr harter Winter, spätes Jahr, halber Herbst, mittlere Güte.³ Dieses und das vorige Jahr ist reichlich gewesen.²
1469	Kaltes, nasses Jahr, späte Rebenblüte, wenig und saurer Wein.³
1470	Sehr fruchtbares Jahr, viel und guter Wein.³
1471	Dieses war wieder ein herrliches gutes Weinjahr, um Michaeli hat man schon eingeherbstet. Und wegen der großen Hitze mußten sich die Weinleser baden und abkühlen.¹
1472	War wieder ein reiches Weinjahr an Menge und Güte, die Maß kaufte man um 4 Pfennige.¹
1473	War abermals ein guter Wein gewachsen. Doch konnte man in Kitzingen drei Jahre nacheinander das Fuder für acht fl. haben.¹ Sehr kalter Winter bis an Fastnacht, so daß viele Weinberge erfroren. Im Sommer außerordentliche Hitze, sodaß viele Brunnen versiegten. Im April blühten die Reben, im Juni reife Trauben. Im August Weinlese. Im September und Oktober nach Regen wieder Baumblüte, wenig aber herrlicher Wein.³ Sehr kalter Winter mit Frostschäden, frühes Jahr mit heißem, trockenem Sommer. Wenig Wein, aber sehr gut.¹¹
1474	Blieb der Wein unzeitig und sauer.¹
1475	Sehr fruchtbar, Wein im Überfluß und sehr gut.³
1476	Fruchtbares Jahr, viel und guter Wein.³
1477	Wenig Wein mittlerer Güte. Die Reben litten während der Blüte.³
1478	Fruchtbares Jahr an Wein, Frucht und Obst.³ Ist wieder guter Wein gewachsen.¹
1479	War wieder ein reiches Weinjahr an Menge und Güte.¹ Sehr gut, außerordentlich viel.¹¹ Es gab ungeheuer viel Wein.⁴
1480	Ist der Wein noch viel besser als im Vorjahr geworden, aber wenig.¹ Von besonderer Güte.¹¹
1481	Kaltes nasses Jahr, große Hungersnot, aber alles sechsmal so teuer als 1480. Wenig und saurer Wein. Schaden in der Blüte.³
1482	Teuerung. Fruchtbares Jahr, die Teuerung hörte nach der Ernte auf, viel und guter Wein.³
1483	Seuche. Fruchtbares Jahr, im Sommer große Hitze, sehr guter Wein.³

Junger Trieb mit Fruchtansatz. – In diesem Stadium treten nicht selten noch Spätfröste auf und zerstören den Trieb.

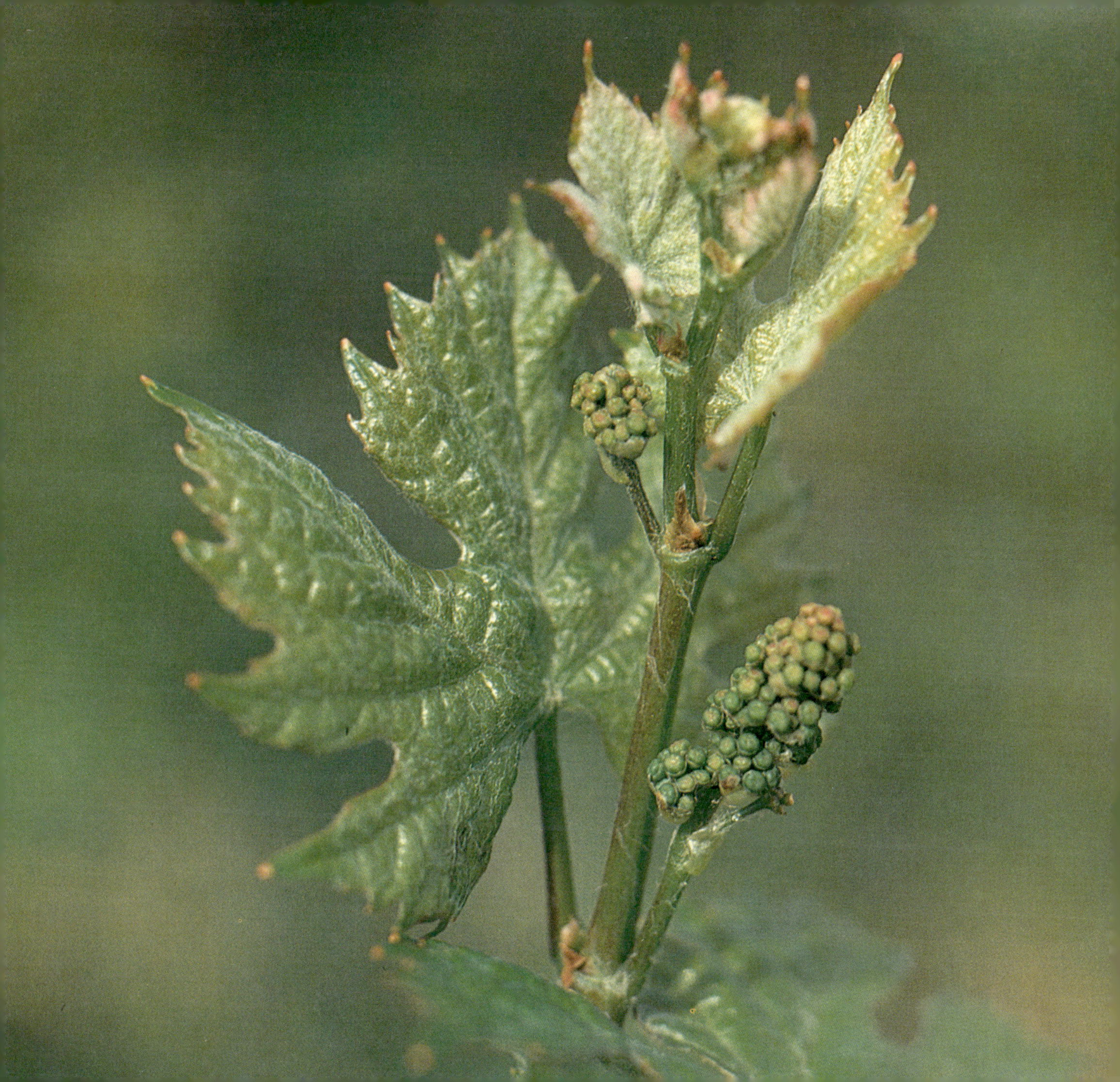

DEN 14 SEPTEMBR 1670 IAHRS
IST VFGERICHT WORDEN DISM RT ERBLT
ZWAR EBEN IN DISEM IAR HAT GENOMEN
SCHADEN BERG VND TAL AN WEIN VND
KORN IM FRANCKEN LAND VBERAL
DVRCH FROST VND KELT IN DER PFINGST
WOCHEN MERCK MICH EBEN
VND HAT DER ARM 12 R VM DAS
MALTER KORN MVSEN GEPEN DIE
GROSE THEVRVNG VND HVNGERS
NOT SO GEWESEN IST DIE HAT
ERFAHREN EIN IEDER FROMER CHRIST

REST. 1947

DORODEA

1484 Viel Wein. Es bescherte Gott einen so reichen Weinsegen, daß man die Maß um ein Ei oder einen Pfennig gab. Viel wurde hinweggeschüttet oder Kalk mit angemacht.[1]
Im Mai-Monat ist der Weinstock völlig erfroren, und der Wein wurde wieder angenehm (vermutlich bezieht sich diese Aussage auf den alten Wein, der wieder seinen Wert bekam, der Verf.).[1]
Uff Philippi und Jakobi ist in Franken der Wein erfroren, was aber noch geworden, galt das Fuder 16 fl. (das Doppelte als im Vorjahr).[2] Kaltes, nasses Jahr, Mai- und Oktoberfrostschäden, (26. Mai und 13. Oktober), Fehljahr, sehr wenig und saurer Wein.[11]

1486 Wenig, ziemlich guter Wein.[3]

1487 Unfruchtbares Jahr, Frühling- und Septemberfrost, Wein mittlerer Güte.[3]

1488 Kaltes, nasses Jahr, ziemlich viel, saurer Wein.[3]

1489 Nasser Sommer, wenig und saurer Wein. Schlechtes Blütewetter.[3]

1490 Im Mai viel Schnee, Sommer naß, wenig und saurer Wein.[3]

1491 War ein Mißjahr an Wein und Getreid, zu Würzburg galt das Fuder vom alten Wein 50 fl., der neue aber 20 bis 30 fl.[1]

1492 Wenig und saurer Wein. Blüte mißraten.[3] In diesem Jahr stieg das Getreide und der Wein sehr im Preis. Ein Fuder »viernneß Weins« (alten Weines) kostete 40–50 fl., der neue (Newe, der gar sauer) 20 fl., schlug aber doch wieder auf 10 fl. ab.[2] War der Wein erfroren, und es gab wenig.[11]

1493 Ist wieder gar saurer Wein gewachsen, »den man den Praßler genennet, weilen die unzeitigen Trauben beym aus- und einschütten, ein Geprassel machten.«[1] Die Maß neuen kostete 2 Pfennig, der Firne aber 10 Pfennig.[1]

1494 Sehr fruchtbares Jahr, viel und sehr guter Wein trotz einzelner Frühjahrsfröste.[3]

1495 Winter streng, überaus fruchtbares Jahr, Wein gut.[3] Gab es reichlich Wein obwohl ein strenger Winter war.[11]

1496 Reben im Winter erfroren, Sommer gut, guter Wein.[3]

1497 Sehr fruchtbares Jahr, Kirschbäume blühen schon im Januar, Blüte mißraten, Wein gut.[3]

1498 Kaltes, unfruchtbares Jahr, viel Regen wenig und saurer Wein.[3]

1499 Fruchtbares Jahr, viel und guter Wein.[3] Des Weins war soviel, daß man keinen Absatz fand; er kostete 10,5 bis 13 fl.[2]

1500 Blüte der Reben mißraten, wenig aber guter Wein.[3] War wieder ein gutes Weinjahr.[2]/[1] Der Weinpreis fiel auf 8 fl.[2]

1501 Kaltes, unfruchtbares Jahr, viel Regen, wenig saurer Wein.[3]

1502 Mittlerer Ertrag, saurer Wein, Pest.[3]

1503 War ein herrlicher guter Wein gewachsen, und viel, man konnte das Fuder um 5 fl. haben, zu Nürnberg die Maß um 1 Pfennig.[1] Der Dompropst von Würzburg erntete 72 Fuder über die »ordentliche Weinlese« und bekam noch 300 Fuder Zehnt-Wein.[2]

1504 Viel und guter Wein.[3]

Bildstock (»Marterle«) zwischen Volkach und Fahr. Die Inschrift weist auf Spätfrost im Jahr 1626 hin.

1505 Wein wenig, aber gut, die Reben wurden »winddürr«.³

1506 Ist ein gutes Weinjahr gewesen und solcher Gute konnte doch nur für 9 fl. verkauft werden.² Reben im Frühjahr erfroren, wenig aber guter Wein.³

1507 War an allen Orten eine gar wohlfeile Zeit, ohngeachtet dessen, daß Wein und Getreide an vielen Orten Schaden genommen hatte.¹

1508 Wohlfeile Zeit, viel und guter Wein.³

1509 Wohlfeile Zeit, viel und guter Wein.³ In und um Bamberg ist der Wein zum Großteil erfroren.²

1510 Viel und guter Wein.³

1511 Nasses, unfruchtbares Jahr. Frühlingsfrost. Wenig saurer Wein.³

1512 Nasses, unfruchtbares Jahr, viel Reif und Hagel, Wein wenig und sauer.³

1513 Große Kälte von Michaeli bis 25. Januar 1514, die viele Menschen tötete; wegen Frühjahrsfrost wenig aber guter Wein.³ Ist ein trockener Herbst gewesen, es gab viel Wein, die Weinberge sind ungedeckt geblieben (wahrscheinlich wegen der bereits gefrorenen Erde.)²

1514 Ist ein grimmsaurer Wein gewesen.¹ Ein sehr kalter Winter.²

1515 Kaltes nasses Jahr. Viel aber saurer Wein.³

1516 Reben erfroren, Sommer dürr, wenig aber guter Wein. »Der best Wein desgleichen bei Menschen Gedechtnüß nit gewachsen.«³ Ist wieder ein trefflicher Wein gewachsen.¹

1517 War ein schlechtes Jahr an Wein und Getreide, und große Teuerung an allen Orten.¹ Fehljahr, wenig und gering.¹¹ Am 17. April Frost, wenig und geringer Wein.³

1518 Wenig, aber sehr guter Wein.³ Winter- und Frühjahrsfrost.¹¹

1519 War wieder ein »geseegneter« Herbst, und reiches Weinjahr.¹ Ist so ein guter Herbst gewesen, daß dem Dompropst zu Würzburg 160 Fuder »zu Zehend worden und das Fuder 11 fl. golten.«² Um den Geldwert zu verstehen, ist es wichtig, zu wissen, daß ein Professor, wie Luther in Wittenberg, damals ein *jährliches* Gehalt von 200 fl. bezog. (Neue Deutsche Wein-Zeitung Nr. 11 v. 1. 11. 1911).

1520 In diesem Jahr ist wenig Wein gewachsen, die Maß galt zu Würzburg 8 neue Pfennig.¹ Es war im Frühjahr eine so große Kälte, daß jedermann »uff Urbani« (25. Mai) eingeheizt hat, und der Wein sogar erfroren. Der Dompropst zu Würzburg erhielt nur 9 Fuder Zehntwein.²

1521 War ein reicher Herbst, und kaufte man das Fuder für 9 fl.¹

1522 Fruchtbares Jahr. Wegen Frühjahrsfrost wenig, guter Wein.³

1523 Sehr fruchtbares Jahr, Wein viel und gut.³

1524 Um Pfingsten dieses Jahres ist der Weinstock abermals erfroren.¹

1525 War ein so gesegnetes Wein-Jahr, daß man um 6 fl. »einen ganzen Wagen-voll Wein kauffen kunnte.«¹ (Bauernkrieg führt zum Tod von 120 000 Bauern.)¹

1526 War ein völliges Mißjahr an Wein, und ist alles erfroren.¹ Es waren starke Frühjahrsfrostschäden.¹¹

1527 War der Wein »bund-sauer«, und an vielen Orten gar nicht zeitig.[1] Es gab Mai- und Herbstfrostschäden.[11]

1528 War wieder ein sehr guter und trefflicher Wein gewachsen, und zwar so viel, daß er wieder wohlfeil wurde.[1]

1529 War ein nasser und kühler Sommer, und blieben die Trauben meist unzeitig, es war damals alles teuer, und kam die Maß Wein auf 20 Pfennig.[1] Wein sehr sauer, fast ungenießbar, daher »Wiedertäufer« genannt; auch »Türkenwein« wegen der Belagerung Wiens (er sei so sauer gewesen, daß man ihn auch mit anderem gemischt, noch nach acht Jahren geschmeckt habe).[3] Der Wein kostete trotz der Säure 12 fl. Der Wein wuchs reichlich, aber sehr sauer. Hierauf 3 Jahre Teuerung.[2]

1530 War wieder ein so gutes und reiches Weinjahr, daß man nicht Fässer hatte denselben zu füllen. Deswegen ließ man den vorjährigen (sauren) auf die Gassen laufen.[1]

1531 War abermals ein guter Wein in Menge gewachsen, damit er gefüllt werden konnte, hatte man zu Kitzingen mit dem alten sauren 1529er Wein zwei Tage auf der Klostermühle gemahlen.[1] Der Wein kostete nur noch 8 fl. das Fuder bzw. 3 Pfennig die Maß.[2]

1532 Ist den 16. Mai der Weinstock auf Berg und Tal erfroren.[1] Und dennoch wuchs Wein in solchem Überfluß, daß man nicht Fässer genug aufbringen konnte, und die Fässer teurer waren als der Wein. Um ersteren zu erhalten, schüttete man den Wein von 1529 (Türkenwein) weg oder man vermauerte ihn.[11]

1533 Wein wenig und sauer.[3]

1534 Ist wieder ein guter Wein gewachsen.[1] Kaltes Frühjahr, sonst günstig.[11]

1535 Gutes fruchtbares Jahr, Wein viel und gut.[3]

1536 War wieder ein gar hitziger Sommer, es ist guter Wein gewachsen, man mußte zu Kitzingen wegen des ausgetrockneten Mains auf der Roßmühle mahlen.[1]

1537 In diesem Jahr ist wenig Wein gewachsen, das Fuder galt in Kitzingen 18 fl., der alte Wein aber 27 fl.[1] Während der Blüte nasses Wetter.[3]

1538 Frühlingsfröste, kaltes, nasses Jahr, wenig saurer Wein.[3] In der Karwochen war ein so heftiger Frost, daß man schon alles verloren gegeben, doch segnete Gott den Weinstock, daß der Morgen noch 4 Eimer trug.[11]

1539 War wieder ein reiches Weinjahr, daß man solchen kaum fassen konnte. Zu Kitzingen wurde das Fuder zu 12 fl. verkauft.[1] »Tausendfünfhundertdreißig und neun, galten die Faß mehr als der Wein.« Gutes, fruchtbares Jahr, sehr heißer Sommer, sehr viel und guter Wein, der billiger ist als die Fässer und vielen Menschen das Leben kostete. Der Morgen gibt 6–8 Fuder. Man bietet 3 Fuder alten geringen Weins für ein Ohmfaß.[3]

1540 Der allerrareste und kostbarste Wein in diesem Seculo. War ein Haupt-Wein gewachsen, dergleichen man wenig gehabt. Der Sommer war so heiß, daß alles vor Hitz hätte verschmachten müssen, zumal es in 17 Wochen keinen »Grund-Regen« getan, wenn nicht durch sonderbare Güte Gottes alle Morgen ein starker Wasser-Tau gefallen, daß die Früchte auf dem Felde dadurch erquicket und befeuchtet worden wären. Der Wein war so köstlich und stark an allen Orten, daß man bei Menschen Gedenken dergleichen nicht gehabt hat. Er war auch so wohlfeil, daß man in Kitzingen die Maß um 3 Pfennig gegeben. Zu Bayreuth zahlte man für die Maß Wein 3 Pfennig und für die Maß Wasser 4 Pfennig.[1] »Dürrer-Sommer-Wein«.[2] Ausbündiger Wein. Dürrer Sommer. Es war ein so heißer Sommer, daß alles versiegte. Also daß an manchen Orten mehr Wein als Wasser war. Etliche Rebstöcke haben zweimal zeitige Trauben getrieben.[2] Mag. Fries bestätigt: »In diesem 1540jahr ist den gantzen sommer eine beständige wärme und dürrung gewesen, also daß heu und grummet, gemüß und andere sommer-frucht dahinden blieben; aber hingegen viel korns und eine große anzahl trefflichen starcken weins erwachsen, daß das fuder ausbündigen guten weins 10, auch 11 und 12 fl. golten.«[2] Gutes, fruchtbares Jahr, im Sommer so große Hitze, daß die Erde birst und man den Rhein an manchen Orten durchreiten kann. Am 5. April blühen die Reben; um Johanni reifen die Trauben. Am 24. August beginnt die Weinlese. Da man hierbei die durch zu große Hitze vertrockneten Trauben hängen läßt und diese durch späteren Regen wieder aufquellen, herbstet man zweimal. Der zweite Wein wird noch besser als der erste. Im Oktober zum zweiten Mal Kirschen. Bäume blühen im Herbst nochmals und setzen Früchte an, die nicht mehr reif werden. Viel Wein ganz vorzüglicher Qualität. Die Hitze begann am 1. Februar.[3] Der 1540er gilt als »Jahrtausendwein«.

1541 War abermals ein gutes Wein- und Getreid-Jahr. Zu Kitzingen kaufte man das Fuder Wein um 15 fl.[1]

1542 Ist wegen kalten Sommers ein sehr saurer Wein gewachsen. Man fing erst an Martini an zu lesen. Der Most war so unwert, daß man solchen kaum (hat) einfüllen mögen. Doch galt er hernach noch Geld.[1] Manche Trauben wurden als zu sauer gar nicht abgelesen.[11] Spätes Jahr, die Reben blühen erst um Jakobi.[3]

1543 War ein harter Winter und kalter Sommer, »dannenhero« der Wein auch nicht zum besten worden ist. Der Morgen trug 4 Eimer, war doch ziemlich Wert, indem das Fuder in

---

Rundes Stückfaß im »Beamtenweinkeller« des Staatlichen Hofkellers unter der Würzburger Residenz.
Im Jahr 1684 ließ der Fürstbischof »Konrad von Wernau« zur Aufnahme des noch vorhandenen Weines von dem einmaligen Weinjahrgang 1540 dieses prächtige Stückfaß bauen. Von der Güte des »Jahrtausendweines« können wir uns heute keine Vorstellung mehr machen.
1886 wurde der Rest dieses Weines in München versteigert. 1961 soll dieser bei einer Probe in London noch klar im Glase gestanden haben.

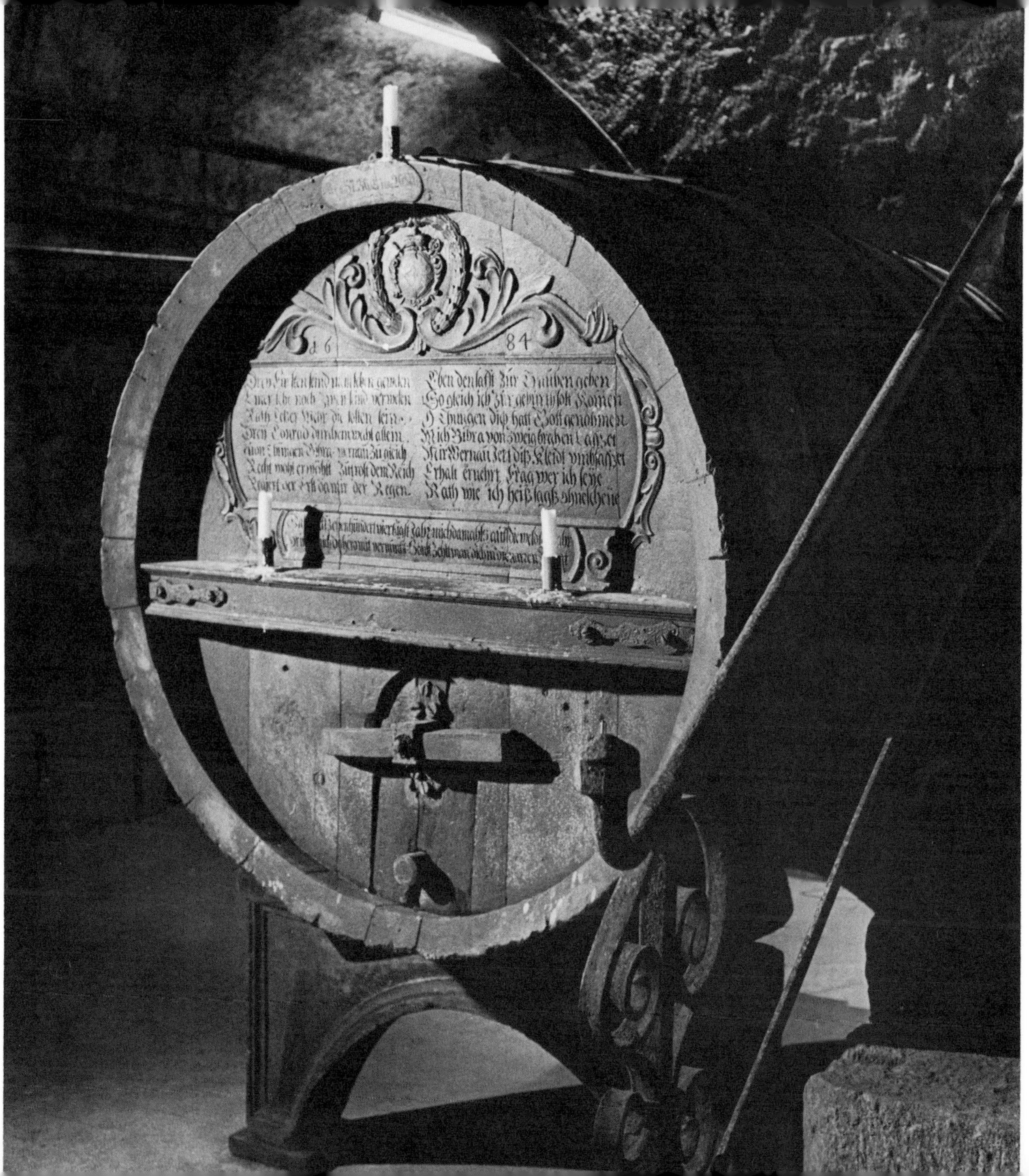
16 84

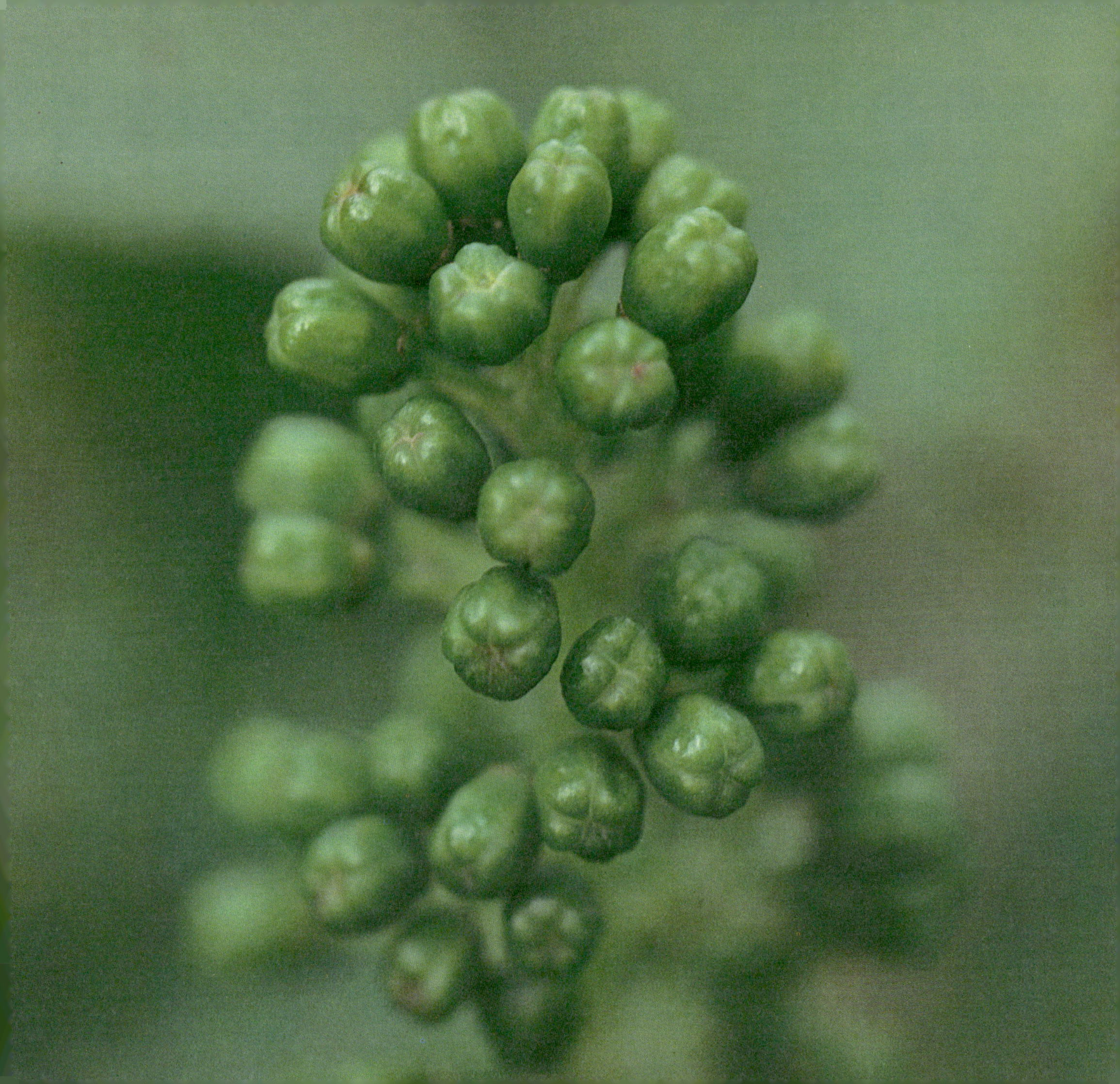

Kitzingen für 38 fl. verkauft worden ist. Welches vorher wohl in 80 Jahren nicht geschehen ist.[1]

1544 Unfruchtbares Jahr mit sehr kaltem Winter und rauhem Frühjahr. Wein wenig und sauer.[3] Ziemlich gut und wenig.[2]

1545 Heißer Sommer, viel und guter Wein.[3] Ist wieder ein guter Wein gewachsen, und ein überaus hitziger Sommer gewesen.[1]

1546 Sehr fruchtbares Jahr, sehr viel und guter Wein.[3]

1547 Sehr fruchtbares Jahr, viel und guter Wein.[3] Auch ziemlich guter Wein.[2]

1548 Ist wieder ein reich gesegnetes Wein- und Getreidjahr gewesen.[1]

1549 Schädliche Frühlingsfröste, Weinblüte naß, Wein sauer.[3]

1550 Ist wieder viel Wein gewachsen, aber etwas sauer, doch galt das Fuder 17 fl. und im folgenden Jahr 31 fl.[1]

1551 War abermals ein gewünschter Herbst und guter Wein gewachsen, die Maß galt 8–9 Pfennig, der firne Wein aber 13 Pfennig.[1] Gar guter Wein; ziemlicher Wein.[2]

1552 In diesem Jahr hatte man wieder einen reichen Herbst in Franken, und hatte der Morgen 2 Fuder von fränkischen Trauben getragen. Das Fuder konnte man für 5–6 fl. kaufen.[1]

1553 War der Wein wieder sehr gut, aber auch gar wenig, doch kaufte man die Maß um 4 Pfennig.[1] Winterfrostschäden.[11]

1554 War ein saurer Wein gewachsen.[1]

1555 Regen während der Blüte. Reif im Frühherbst. Wein wenig und sauer, fast wie 1529.[3] Er wurde »Braunschweiger« genannt.[2]

1556 War ein köstlicher Wein gewachsen, der dem 1540er fast an Güte »beykam«, aber wenig.[1]

1557 Späte Rebenblüte. Wein ziemlich schlecht.[3]

1558 Gutes, fruchtbares Jahr, heißer Sommer, viele Raupen, Wein viel und gut.[3]

1559 Ist der Weinstock sowohl in Franken, als (auch) an anderen Orten erfroren.[1]

1560 Ist viel Wein gewachsen, und trug der Morgen 2 Fuder, aber er war ziemlich sauer.[1] Kalter Winter, nasser Sommer.[11]

1561 Kalter Winter, spätes nasses Jahr, mit schädlichem Nebel und »Honigtau«, Wein wenig und sauer.[3]

1562 Ist ein Mittel-Wein gewachsen.[1]

1563 Ist ein saurer Wein gewachsen.[2]

1564 Dieses Jahr wuchs ein gar guter Wein.[2]

1565 War der Wein noch viel besser als im Vorjahr.[2] Winterfrostschäden.[11]

1566 Ist ein überaus köstlicher Wein gewachsen.[2]

1567 War ein dürrer Sommer, trockner Herbst, und auch guter Wein. Die Maß wurde für 4 Pfennig, und der alte für 14 Pfennig verkauft.[1]

1568 Ist überflüssig Wein, und noch besser als der »ferndige« (der vorigsjährige) gewachsen. Das Fuder galt 21 bis 25 fl.[1]

Ein Geschein kurz vor der Blüte. – Es sind deutlich die Blütenkäppchen zu sehen, die jeweils eine Blütenanlage umschließen.

1569 Den 13. Mai und wieder 14 Tage vor Michaeli, litt der Weinstock in diesem Jahr Frost und Schaden, doch wurde der Most noch so, daß man im Herbst das Fuder für 20 fl. kaufen konnte.[1]

1570 War der Wein wieder gut, und trug der Morgen 1 Fuder.[1]

1571 Ist wieder viel und so guter Wein gewachsen, daß solcher dem 1540er gleich gehalten wurde.[1] Ein hitziger, gar guter Wein.[2]

1572 Um Würzburg und Kitzingen ist wieder viel und guter Wein gewachsen. Das Fuder galt 25 bis 30 fl., der alte Wein 42 fl.[1]

1573 (Wunderbarer Frost). War ein so harter Winter; der Weinstock ist wider die Natur unter der Erde erfroren, was aber nicht gedeckt worden ist, ist geblieben. Der Wein war sauer.[1] »Grausamb sauer«.[2]

1574 War der Wein wieder sehr gut, aber auch sehr wenig. Das Fuder galt im Herbst schon 44 fl., um Pfingsten 60 fl. und um Weihnachten 80–95 fl.[1] Frostschäden.[11]

1575 Die Kälte machte zwar im April ziemlich Schaden. Doch ist noch viel und guter Wein gewachsen.[1]

1576 Der Weinstock hatte abermals Schaden durch Frost, also wenig und saurer Wein gewachsen.[1] Ist gar nichts gewachsen. Die Masse erfror am Karfreitag und Philippi-Jakobi. Um Martini galt das Fuder 60 fl.[2]

1577 Wuchs wenig aber guter Wein.[1] Naßkalt während der Blüte.[11]

1578 Ist zwar viel, aber sehr saurer Wein gewachsen. Man nannte ihn den »Wässerichten« weil es im Herbst immerfort regnete.[1]

1579 In diesem Jahr ist ein saurer und schlechter Wein gewachsen.[1] Ist ein unzeitger Herbst erwachsen, der im Frühling ganz erfroren, und es wollte gar nicht »lauder« noch schön werden.[2] Das Zechen nach dem Läuten der Weinglocke wurde durch Julius Echter verboten.[11]

1580 War ein gutes Wein- und Getreide-Jahr, und galt das Fuder Most im Herbst 48 fl.[1]

1581 Gab es wieder ein gutes Weinjahr. Das Fuder wurde um 15–18 fl. verkauft.[1]

1582 Ist wieder viel und guter Wein gewachsen.[1]

1583 War abermals ein guter Wein gewachsen.[1] Einführung des Gregorianischen Kalenders (Zeitverschiebung: »nach dem 4. Oktober schrieb man alsbald den 15. Oktober.«)[11]

1584 War auch ein reiches Weinjahr und trefflich gut.[1] »Kuffen und Faß wurden zu wenig.«[2]

1585 Wuchs zwar viel aber saurer Wein.[1] Sommer naß.[11]

1586 Ist wieder recht guter Wein geworden.[1]

1587 Ist aller Orten geringer und schlechter Wein gewachsen, und dazu gar wenig, um Martini hat man erst angefangen zu lesen.[1] Schlechte Blüte.[11]

1588 Saurer und teurer Wein. Es war wenig und saurer Wein gewachsen. Doch galt das Fuder zu Kitzingen 56 fl., der ältere 86 fl., zu Würzburg kostete der alte gar 110 fl. welches zur selbigen Zeit ein Wunder gewesen.[1] Winterkälte, Frühjahrs-Frostschäden.[11]

1589 Nahm der Weinstock durch Frühfrost und Mehltau wieder großen Schaden. Es gab wenig und der Wein blieb sauer.[1]

1590 War ein hitziger Sommer, man hatte in 9

Wochen keine 4 Grundregen. Der Wein war ausbündig gut. Und trotz der großen Dürre gab es sehr viel. Das Fuder kostete an Weihnachten schon 100 fl. Die alten Weine wurden jedoch billiger.[1]

1591 Ist ziemlich viel aber saurer Wein gewachsen.[1]

1592 Gab es wieder guten Wein, aber wenig.[1] Frühjahrsfrostschäden und schlechtes Blütewetter.[11]

1593 Wurde der Wein sauer, und es gab wenig.[1] Frühjahrsfrostschäden.[11]

1594 Den 11. Mai hat der Weinstock durch Frost großen Schaden erlitten. Es ist wenig gewachsen.[1] Strenger Winter, Frühjahrs- und Herbstfrostschäden.[11]

1595 Kam wieder ein gesegnetes Weinjahr, das Fuder kostete 35 fl.[1]

1596 Wieder guter, aber wenig Wein gewachsen.[1]

1597 Blieb der Wein unzeitig, trüb und sauer.[1] August und September naß.[11]

1598 »Bescherte der gütige Gott wieder ein vortreffliches Wein- und Getrayd-Jahr, und war beedes guten Kauffs.«[1]

1599 War nicht nur ein warmer Frühling, sondern auch den Sommer über bis Martini gutes und fruchtbares Wetter. Deswegen wurde der Wein so vortrefflich, daß er nur dem »Böstem in diesem Seculo« hat können verglichen werden.[1] Er wurde der schwarze Wein genannt.[2]

1600 Gab es zwar einen reichen Herbst, aber einen sauren Wein. Der Vorjährige kostete fünf mal soviel.[1] Winterkälteschäden, kalter Sommer, Maifrost.[11]

1601 War ein mittelmäßiges Weinjahr.[1]

1602 Es war ein heißer und hitziger Sommer. Bis zu den Hundstagen gab es wenig Regen. Doch wegen des Frühjahrfrostes wuchs der Weinstock nicht nach Wunsch und brachte sauren Most. Trotzdem kostete das Fuder 60 fl.[1]

1603 Dieses war wieder ein gutes Wein- und Getreidejahr.[1]

1604 Ist abermals ein gutes Weinjahr gewesen.[1]

1605 Dieses war wieder ein gottgesegnetes Weinjahr.[1]

1606 War ein saurer Wein gewachsen, der machte, daß der alte Wein ziemlich im Preis anstieg.[1]

1607 Wegen großer Kälte und Hagel-Wetters war dieses ein schlechtes Jahr.[1] Der wenige Wein war jedoch köstlich.[2,3]

1608 War wieder ein kaltes rauhes Jahr wie das vorige, deswegen ist auch saurer Wein gewachsen.[1] Winterfrostschäden.[11]

1609 War ein gutes Weinjahr.[1]

1610 Ist der Wein wieder gut geworden.[1]

1611 War viel, aber ein saurer Wein gewachsen.[1]

1612 War wieder ein guter Wein.[1]

1613 War ein mittelmäßiger Wein. Das Fuder kostete 14 fl.[1]

1614 Ist ein mittelmäßiger Wein gewachsen.[1]

1615 In diesem Jahr wurde das Fuder Wein für 55 fl. verkauft.[1] Frühlingsfrost, frühes Jahr, sehr dürrer, sehr heißer Sommer. Wein nicht viel, aber sehr gut.[3]

1616 Den 1. Mai ist der Rebstock glatt erfroren, und also wenig daraus worden.[1] Wenig, aber sehr guter Wein.[3]

1617 War ein überaus fruchtbares Jahr.¹ Sehr viel aber saurer Wein. Frühes Jahr. Rebblüte naß. Frost im September. Wein so sauer, daß er vor drei Jahren nicht genossen werden konnte. (Beobachtung der natürlichen Säureabnahme.)³

1618 Kalter Winter, doch fruchtbares Jahr. Ziemlich viel Wein mittlerer Güte. Der Sauerwurm gibt dem Most ein »unanmuthiges Gefährtlein«.³

1619 Ist wegen rauher Witterung wenig Wein gewachsen.¹ Wein wenig aber gut.³

1620 Ist ein Mittel-Wein gewachsen; er litt im Frühjahr an Frostschaden.¹

1621 War ein guter Wein gewachsen, und kam das Fuder auf 75 fl.¹

1622 Rebenblüte durch Regen zerstört. Wein wenig und sauer.³ Für den 1621er zahlt man 135 fl. für das Fuder.¹ Winterfrostschaden.¹¹

1623 Es ist guter Wein gewachsen.¹

1624 War ein trefflich guter Wein gewachsen. Den 19. Juli hatte man schon reife Trauben; wegen der großen Hitze mußte man den Lesern Wasser in die Weinberge tragen. Die Nächte waren warm und Wetter leuchteten wie im Sommer.¹ Der Weinzehnt zu Randersacker betrug 173 Fuder.²

1625 Der Wein ist in diesem Jahr wieder zeitig und gut geworden, indem er im Frühling einen guten Fortgang hatte und zeitig blühte.¹

1626 Wein und Getreide waren in diesem Jahr erfroren, daher gab es eine große Teuerung. Das Fuder kam auf 80 fl.¹. Wein wenig und sauer.³ Spätfrost am 26. Mai.² Es war »bikkelhart« gefroren.²

1627 Der Wein ist mittelmäßig geraten.¹

1628 Kalter nasser Sommer, Weinlese sehr spät. Die Trauben erfrieren samt dem Holz ehe sie reif werden. »Stößelwein«, so schlecht wie man ihn seit 100 Jahren nicht mehr gehabt. Selbst der Essig wurde damit verdorben.³ Naß und kalt, Fehljahr, Winterfrost.¹¹

1629 Ziemlich kalter Winter, sehr günstiger Sommer, Weinlese Ende September. Wein sehr gut und viel.³ Winterfrostschaden.¹¹

1630 Frühes Jahr, große Hitze, viel Frucht. Wein gut und sehr viel. Das Fuder Most kostete nur 1,5 fl.(!) Schwedenkrieg.²

1631 Wurde die Weinlese durch den Einfall der Schweden gestört und erst im Dezember, nachdem viele Fuder Wein verdorben, der sogenannte »Schwedenwein« gekeltert.² In diesem Jahr geriet der Wein so gut, daß es an Fässern fehlte, um ihn zu bewahren. An Güte übertraf er selbst den welschen Wein. Man gab ihm den bedeutungsvollen Namen »Schwedischer Rheinfall.«.² Die Lese zog sich bis zum 10. Januar hin.⁴

1632 Wein wenig und sauer.³

1633 Wein wenig und sauer.³

1634 Wein viel und gut, aber der Krieg verwüstete alles.³

1635 Kalter Winter. Menschen und Vieh erfrieren. Wein wenig und sauer, Blütezeit naß. Teuerung.³
Grausame Hungersnot.¹

1636 Wein gut und ziemlich. Hungersnot, furchtbare Pest.³

1637	Frühes Jahr. Wein viel und gut. Viele Weinberge bleiben wüst liegen. Es wird teilweise erst nach Martini gelesen.[3]	1648	Dieses war ein gutes Weinjahr.[1] Frost am 10. Oktober.[11]
1638	Winter und Frühling kalt. Hungersnot. Wein wenig, weil die Blütezeit naß, aber sehr gut und teuer.[3]	1649	Hatte der Weinstock im Frühling so starken Schaden erlitten, daß der Wein gar schlecht und sauer wurde.[1]
1639	Nasser Sommer, im Frühherbst Frost, Wein sehr viel, aber sauer, daher »Holzapfelbrühe« genannt.[3] Frühjahrs- und Herbstfrostschäden.[11]	1650	Der Weinstock war wieder auf Berg und Tal erfroren, dergleichen heftiger Frost seit »Anno« 1626 nicht gewesen.[1]
1640	Kalter Winter, spätes Frühjahr, im Frühherbst Reif. Wein viel aber sauer.[3] Naß und kalt, Winterfrostschäden.[11]	1651	Dieses war ein trefflich gutes Weinjahr.[1] Meteore am 2. Januar, 19. und 25. August. Viel und ziemlich guter Wein.[2]
1641	Spätes Frühjahr, nasser Sommer, im September schon Frost. Immer noch große Hungersnot. Wein wenig und sauer.[3] Naß und kalt. Fehljahr.[11]	1652	War abermals viel und guter Wein gewachsen, sodaß man ihn wegen Mangel der Fässer kaum füllen konnte und deswegen im Lesen still halten mußte, welches seit 1630 nicht mehr geschehen.[1]
1642	Frostiger Frühling, doch gutes Jahr. Wein wenig, weil nasse Blütezeit.[3] Frühjahrsfrost und Herbstfrostschäden.[11]	1653	War ein dürrer Sommer und große Not wegen des Futters. Der Wein war trefflich gut, aber nicht allzuviel.[1]
1643	Die Kälte tat dem Weinstock weh und vernichtete die Ernte bereits im Keim.[2] Frühjahrs- und Herbstfrostschäden.[11]	1654	War ein mittelmäßiger Wein, aber viel.[1]
1644	Ist der Weinstock im April völlig erfroren.[1]	1655	War viel und guter Wein gewachsen.[1]
1645	Auch in diesem Jahr wurde der Weinstock durch Frost ruiniert.[1]	1656	In diesem Jahr gabs wenig und sauren Most.[1]
1646	Der Frost tat dem Weinstock wieder großen Schaden.[1] Trockener Sommer.[11]	1657	Wenig Wein, und dazu nicht gut.[1]
1647	Ist ein guter Wein gewachsen. Dieses Jahr ging es sehr früh mit dem Weinstock, denn am 1. Mai war er schon armslang herausgegangen. In der Blüte hatte es einen Nebel, welcher verursachte, daß die Trauben sehr abfallen.[1]	1658	»Dermahlen gab es wenig Most, und der Morgen trug kaum eine Butte Beer.«[1] Der strengste und längste Winter seit Menschengedenken, schädlich den Bäumen und Weinstöcken, die durch ihren geringen Ertrag den Weinbauern nicht einmal die Hälfte ihrer Auslagen ersetzten. In den Kellern fror hie und da Wein und Bier. Wenig und sauer.[2]
		1659	Den 17. Juli hatte man schon ganz schwarze Trauben, dennoch gab es wenig und sauren Wein.[1] Lese 4. Oktober.[2]

1660 Gab es wegen des heißen Sommers guten und noch viel Wein. Der Weinstock blühte schon im Mai.²

1661 War der Weinstock früh »ausgegangen«, den 1. Juni hatte man schon blühende Trauben, der Most war köstlich gut und fast alle Trauben faul.¹

1662 Ist wenig und saurer Wein worden.¹ Frühjahrsfrostschäden.¹¹

1663 Wuchs wenig Wein, und nicht gut, wegen des vielfältigen Regens fiel alles in der Blüte ab.¹

1664 Gab es wieder wenig und sauren Most.¹ Am 17. September erfroren die Reben.³

1665 Den 1. Mai war der Weinstock noch blind, wegen des kalten Frühlings, doch wurde noch viel und guter Wein.¹ Strenge und anhaltende Winterkälte.¹¹

1666 War wieder viel und guter Wein gewachsen.¹ Frost am 16. und 17. Mai.³

1667 Gab es wenig und sauren Most.¹

1668 Der Frühling war bis in den April so kalt, daß auch die Störche wieder fortgingen, und dennoch gab es einen sehr guten Wein.¹ Auch in Sachsen reiches Weinjahr.³

1669 Ein heißer und dürrer Sommer.² Wein ziemlich viel, sehr gut und teuer. Im Rheingau »Hauptjahr«.³

1670 War ein gutes Wein- und Getreidejahr.¹

1671 Ist wieder ein gutes Weinjahr gewesen.¹

1672 War abermals ein gutes Wein- und Getreid-Jahr.¹

1673 Gab es wenig Most.¹

1674 War mengenmäßig ein schlechtes Weinjahr, der Morgen trug 1 bis 2 Eimer.¹

1675 Waren die Trauben im Herbst noch unzeitig, daß sie mit Pracken (Kelterhölzer) mußten gestoßen werden.¹ Der Schweinfurter war nicht einmal zu Essig zu gebrauchen.²

1676 War ein gutes Jahr an Wein und Getreide.¹

1677 Sehr viel Wein mittlerer Güte. Auch in Sachsen sehr reiche Weinernte.³

1678 Ist ein gutes, reiches Jahr gewesen.¹ Sehr viel und guter Wein.³

1679 Regnerischer Sommer, sehr viel aber saurer Wein.³ Geringer Wein.¹

1680 War der Most gut.² Viel und guter Wein.³

1681 Viel aber saurer Wein; nasser Sommer.³ In Schweinfurt viel und gut. 1681 wütete in Franken eine ansteckende Krankheit, welche viele Menschen hinwegraffte. Vor allen Heilmitteln und Arzneimitteln hatte sich guter Frankenwein am besten bewährt, dessen Genuß die Erkrankten genesen ließ, gegen Ansteckung sicherte, und so die Epedemie gänzlich unterdrückte. Zur Erinnerung dessen ließ Peter Philipp von Dernbach in Würzburg eine 2½ Lot schwere, ovale, silberne Medaille prägen, welche auf dem Avers sein Brustbild zeigt, auf dem Revers die Erdkugel mit dem Tierkreis, unten liegt ein Drache als Symbol der Pest. Oben schwebt ein flammendes rebenbekränztes Kreuz mit der Umschrift: Vincit et sanat. Auf dem Rand: Candide ornate et constanter (=aufrichtig, herzlich und beharrlich). Daher soll sich das »Sprüchwort«: »Frankenwein ist Krankenwein« datieren. Schlechter Wein.¹

1682 War ein Mittelwein.²/¹

1683 War ein frühes Jahr für den Weinstock, deswegen wurde auch der Wein recht gut. Um Urbani (25. Mai) stand der Weinstock schon in voller Blüte und am Veits-Tag (15. Juni) waren die Beeren wie Wicken.[1] Viel und gut.[2] Es wuchs ein ausgezeichneter Wein.[4]

1684 War der vortrefflichste Wein gewachsen, dessen sich jemand entsinnen konnte, ungeachtet dessen, daß die Kälte im Frühling sehr lang angehalten und *im Juli* noch ein harter Frost erfolgt ist. Den 23. September ging die Lese an. Der Sommer war sehr dürr. Das Futter war sehr teuer und das Vieh »spottwohlfeil«.[1]

1685 Im Juni und September, also zweimal, litt der Weinstock so großen Schaden durch Frost, daß es keine Weinernte gab.[1]

1686 Ist ziemlich viel Wein und Korn gewachsen.[1]

1687 War zwar viel aber saurer Wein gewachsen.[1]

1688 Ist der Weinstock abermals erfroren und der Most schlecht geworden.[1]

1689 Den 4. Mai ist der Weinstock ganz erfroren. Der Morgen trug etwa 2 Kübel voll, er war bundsauer.[1]

1690 Ist zwar viel, aber saurer Wein gewachsen.[1]

1691 Gutes Weinjahr.[2]

1692 War bundsaurer Most. Doch kostete er viel, weil die Holländer viel kauften (»wegführeten«).[1]

1693 Sehr guter Wein, aber wenig.[1] Viele Frühjahrsfröste.[3]

1694 Ist viel, aber saurer Wein gewachsen.[1]

1695 Der Wein ist mittelmäßig geworden.[1]

1696 Gab es einen recht sauren, doch teueren Wein. Um die Zeit, da der Weinstock blühte, fiel regnerisches Wetter ein und hielt 6 Wochen an, deswegen hat es wenig gegeben (der Morgen 2 bis 3 Butten).[1]

1697 War wenig und mittelmäßiger Wein. Der Weinstock hat im Frühling die größte Hoffnung gemacht, er war beim Schneiden schon grün. In der Himmelfahrtswoche fiel Kiesel- und Regenwetter ein, daß das meiste abfiel.[1]

1698 Der Wein wurde in diesem Jahr entgegen jeder Voraussicht doch noch gut und zeitig durch das gute warme Wetter im Herbst.[1] Der Häckerstand war sehr beklemmt.[2]

1699 War der Wein wieder gut geworden. Den 11. August fand man die erste weiche Beer.[1]

1700 Der Wein wurde wieder gut, aber gar wenig.[1]

1701 War der Wein mittelmäßig. Weil das kalte Schneewetter bis in den Mai angehalten hatte, blieb der Weinstock lange blind. Bekam aber dann so guten Fortgang, daß man am 20. Mai das Laub schon über den Main gesehen hat.[1]

1702 Gabs sehr viel Most, aber bundsauer, daß die Zähne davon stumpf wurden.[1]

1703 War der Wein mittelmäßig.[1]

1704 Ist wieder einmal ein Hauptwein gewachsen, aber nicht viel. Er wurde dem 1693er gleich gehalten.[1]

1705 Ist wenig und saurer Wein gewachsen. Der Weinstock ist in der Wolle erfroren und hat bis Juni durch Reif, Schnee, und Regenwetter vieles erlitten. Der Firnewein ist sehr teuer geworden. Das Fuder kostete in Seg-

	nitz 120 Reichsthaler.[1] In der Pfalz im gleichen Jahr 90 Taler.[3]
1706	Ist wieder ein Hauptwein gewachsen.[1] Am 12. Mai war eine Sonnenfinsternis. Die Fledermäuse flogen einher und es wurde zwischen 9 und halbelf Uhr so finster, daß die Sterne am Himmel erschienen. Wegen der Trockenheit wuchs kein Ohmet und das Obst fiel meist ab. Getreide und Wein waren sehr reichlich. Der Wein war vorzüglich.[2] Vollherbst.[4]
1707	Der Wein ist wieder sehr gut geworden. Nach einem warmen Winter erfror im April der Weinstock. Doch wurden die Trauben so groß, daß man dergleichen kaum gesehen.[1] Im Februar Mandelblüte.[3]
1708	War wieder guter Wein gewachsen. War ein sehr hitziger Sommer, und es ist soviel Obst gewachsen wie seit Menschengedenken nicht.[1] Vom 3. Nov. 1707 bis Mitte April 1708 strenger Winter. Viele Menschen erfrieren, ebenso viele Obstbäume und ganze Waldungen, auch die Reben. Guter, süßer Wein, aber wenig.[3]
1709	Saurer Wein erfolgte auf den strengen Winter, dergleichen man sich nicht entsinnen konnte. Die Bäume barsten vor Kälte. Menschen, wildes und zahmes Vieh und Vögel sind erfroren. Zu Marktbreit mußte man an Ostern noch den Schnee wegfahren, um Markt halten zu können.[1]
1710	Erfolgte ein mittelmäßig Jahr an Wein und Getreid.[1]
1711	Der Wein war schlecht, aber viel. Er hatte im Frühling und Herbst Schaden gelitten.[1]
1712	Ist wieder ein Hauptwein und sehr reichlich gewachsen. Der Morgen trug 2 Fuder.[1] Reicher Herbst, es mangelte an Fässern.[2] Im nächsten Jahr ist er umgeschlagen und sauer geworden.[4]
1713	Dieses war ein hartes Jahr. Den 6. Oktober ist der Weinstock völlig erfroren, daß viele Wein-Trauben hängen blieben und als unzeitig nicht zu genießen.[1]
1714	War ein mittelmäßiger Wein, und gar wenig gewachsen.[1]
1715	Ist ein noch ziemlich guter Wein gewachsen, und etwas mehr als im vorigen Jahr.[1] Gutes Weinjahr, doch Frostschaden.[11]
1716	Dieses war ein unglückliches Weinjahr, und es ist durch zweimaligen Frost alles ruiniert worden, manche Orte bekamen ein wenig Most, aber bundsauer. Der Main gefror so hart, daß man darüber reiten und fahren konnte.[1]
1717	War ein mittelmäßiges Wein- und Getreidejahr. Der Morgen trug etwa ½ Fuder.[1]
1718	In diesem Jahr ist wieder einmal ein Hauptwein gewachsen, er übertraf den 1712er noch weit an Güte. Der Weinstock hatte einen so glücklichen Fortgang, daß man sich an dergleichen nicht erinnern konnte. Die Weinlese war schon vor dem Michaelis-Tag verrichtet.[1] Sehr gut, besser als der 1684er.[2]
1719	Dieses war wieder ein treffliches Weinjahr an Menge und Güte. Der Most gab dem vorjährigen wenig nach. Der Sommer war sehr heiß und man hatte nicht mehr als 5 Hauptregen.[1]

1720 War ein reiches Weinjahr, aber nicht allzugut. Es war ein nasses und feuchtes Jahr.[1]

1721 Ist wieder ein schlechter Wein geworden. Der Morgen trug gegen 6 Eimer; war ein gar feuchtes Jahr.[1]

1722 War ein Mittel-Wein und wenig, doch hatte der Morgen an manchen Orten noch 1 Fuder getragen.[1]

1723 War ein hartes Jahr in Franken, den 24. und 25. Mai ist der Weinstock auf Berg und Tal erfroren. Den 1. Juni schickte Gott auf die große Dürre einen guten Regen, daß sich vieles wieder erholte und wieder frisch heraustrieb und der Morgen auch noch einen halben Eimer trug.[1]

1724 War noch ein ziemlich guter Wein gewachsen.[1]

1725 Dieses ist wieder ein saurer Most gewesen.[1] Sehr nasser Sommer. Weinlese im November.[2]

1726 Ist ein guter Wein gewachsen, der Morgen hat 9 bis 10 Eimer getragen.[1] Um Michaeli hat man schon gelesen. Vor das Spitaltor in Schweinfurt hat man einen Gedenkstein gesetzt mit folgender Inschrift: Nach Ostern (21. April) war viel Schnee gelegen / In Wäldern, Feldern, allerwegen. Und haben dennoch durch göttliche Güt' Die Trauben vor Pfingsten noch alle erblüht. (9. Juni). Man brachte auf Jacobstag (25. Juli) Trauben herein, Und wuchs dieses Jahr noch ein köstlicher Wein.[2]

1727 War ein trefflicher Wein gewachsen. Dieses war ein rechtes Wunder-Jahr, wo Gottes Allmacht sich herrlich gezeigt, indem im Frühjahr der Weinstock in der Wolle erfroren (teils war er auch noch stärker herausgetrieben). Viele Menschen hielten auch dieses Jahr für verloren. Weil aber eine große und beständige Hitze einfiel und der Weinstock wieder frisch getrieben, segnete es Gott, daß der Morgen wider Mensch-Vermuten noch 2–3 Fuder getragen hatte und es sogar an Fässern mangelte. Im Frühling war Regen, und im Sommer lauter Hitz.[1] Der Wein war ausgezeichnet geraten nach Menge und Güte und so überaus wohlfeil, daß viele Menschen den übermäßigen Genuß mit dem Leben büßten.[2]

1728 In diesem Jahr hat der gütige Gott wieder einen reichen Segen und ausnehmend guten Wein beschert. Er wurde an manchen Orten noch besser als der vorjährige Wein.[1] Eine reiche und vorzügliche Kreszenz.[4] Viel, vortrefflich, wohlfeil.[2]

1729 Ist sehr viel Wein gewachsen, doch von mittelmäßiger Güte. Die Fässer waren wegen der vorausgehenden zwei reichen Weinjahre sehr rar. 1 Liter Faßinhalt kostete 1 Liter Wein.[1] War ein gutes Weinjahr.[4]

1730 Ist ein bundsaurer Wein gewachsen, er war um Michaeli erfroren, ehe er noch zeitig gewesen.[1]

1731 Ist ein sehr guter Wein gewachsen, aber gar wenig.[1]

1732 War ein Mittel-Wein gewachsen.[1] Erfror gänzlich in Schweinfurt.[1] Der Frost verdirbt in diesem Jahr den lieben Weinstock ganz und gar.[4]

1733 War ein gar schlechtes Wein-Jahr, und hatte

man an manchen Orten gar nichts bekommen. Denn am 9. Mai kam der Frost und hielt zehn Nächte aneinander an, so daß alles verlorenging. Vor dem Herbst gab es nochmals starken Frost.[1] Ganz geringer Ertrag.[4]

1734 War ein guter Wein, ohngeachtet daß der Weinstock zweimal im Frühjahr erfroren ist.[1]

1735 Ist ein schlechter und saurer Wein gewachsen.[1] In Schweinfurt totales Mißjahr.[2]

1736 Dies war wieder ein sehr gutes Jahr, es gab aber wenig Wein. Der Morgen gab etwa 3-4 Eimer. Der Sommer war so dürr, daß fast kein Gras gewachsen ist.[1]

1737 Ein mittelmäßiger Wein. Der Sommer war zwar sehr warm, doch an den Hundstagen gab es viel Regen.[1]

1738 War wieder ein vortrefflicher Wein gewachsen. Ohngeachtet, daß der Weinstock im Mai durch zwei Nachtfröste viel gelitten hatte. Der Morgen trug 6-8 Eimer. Am 29. August gab es noch kaum weiche Beer, und trotzdem wurde der Wein noch sehr gut.[1]

1739 Ein gesegnetes Weinjahr. Der Morgen trug 18-24 Eimer Wein.[1]

1740 Dieses war ein totales Mißjahr an Wein. Sehr rauh, kalt und unfruchtbar. Die Kälte hielt 8 Monate an, und zwar in solcher Strenge, daß sie noch den 1709er übertraf. Es sind an verschiedenen Orten Mensch und Vieh erfroren. Alle Gewächse blieben zurück. Erst im Juni blühten die Bäume und um Kiliani die Trauben. Weil nun schon an Michaeli ein heftiger Frost eingefallen ist, ehe noch die Trauben zeitig waren, so ist alles auf einmal verdorben, und die meisten Trauben waren unbrauchbar. An teils Orten kauften die armen Leute diesen sauren Most. Das Brot war sehr teuer, aber es gab viel Obst. Der 1727er und 1728er stieg im Preis auf 268 fl. das Fuder an; dieser hatte damals 18 fl. gekostet. Am 9. und 10. Oktober erfror im ganzen Lande der Wein, so daß keine Weinlese gehalten werden konnte. Und der Pfarrer von Markt Einersheim meint dazu: »... welches eine harte, aber wohl verdiente Strafe war, indem bishero der gerechte Gott u. a. mit den landesgewöhnlichen Kirchweihgreueln wiederum aufs neue geschändet und beleidigt worden. Ist (es) kein Wunder wenn Gott straft, der nun schon 11 Jahre hintereinander keinen Weinwachs nach Wunsch gegeben ...«[4]

1741 In diesem Jahr gab es wenig und passablen Wein.[1]

1742 War ein geringer Wein gewachsen. Nicht nur wegen der bis in den Juni hinein anhaltenden großen Kälte, sondern auch wegen der frühen Herbstfröste. Darauf erfolgte kaltes Regenwetter und sehr rauhe Winde, weswegen viele Trauben abgerüttelt wurden oder die Stiele welk gemacht wurden. Die anschließenden feinen und warmen Tage konnten sodann nicht mehr viel wirken.[1] Wenig und sauer.[2] Ganz geringer Ertrag.[4]

1743 Mittelmäßig - Herbst gering.[2] Kalter Winter, halb erfroren.[11] Nicht viel, doch ziemlich guter Wein.[3]

46

1744 War ein guter Wein gewachsen.⁵ Wenig aber sehr guter Wein.³ Weinlese Ende Oktober. Sehr gut, aber sehr wenig.³ Hatten die Franken ein gesegnetes Jahr.⁵ Ist vom 1. September bis 18. Oktober erst reif geworden.¹¹

1745 Ziemlich gut, wenig, teuer.² Wenig, aber sehr guter Wein.³ War ein guter Most.⁵

1746 Weinlese ab 4. Oktober, war sehr guter Wein.⁵ Zweieinhalb Monate lang kein Regen – macht den Saft so dick, daß der Most wie Öl von der Kelter läuft.³ Delikater Tischwein und sehr viel.⁵ Heuschrecken.¹¹

1747 Der Wein erfror am 10. und 11. Mai zum Teil in der Wolle. Der Wein wurde doch noch gut und es gab viel.² War ein mittelmäßiger Wein.⁵ Heuschreckenplage.¹¹

1748 Vortrefflicher Wein.² War ein guter Most. Vorzüglich gut.⁵ Gesegnetes Jahr. Besser als die zwei vorangegangenen Weinjahrgänge.³ Heuschreckenplage.¹¹

1749 War auch ein guter Most gewachsen.⁵ Heuschreckenplage.¹¹ Gut, aber wenig.² Starker Frost am 1. Mai³

1750 Viel aber nur mittelmäßig.² War ein guter mittelmäßiger Wein.⁵

1751 Schlecht, doch genug.² Der Wein war mittelmäßig.⁵ Am 30. April ist der Weinstock erfroren, doch trieb er bei guter Witterung noch stark aus, und es gab noch eine reichliche Ausbeute bei mittelmäßiger Qualität.⁴

1752 Hat es ziemlich viel Wein gegeben.⁵ Viel und mittelmäßig.²

1753 Wenig, doch gut.² Am 8. Mai erfror der Weinstock und trotzdem gab es noch ziemlich viel Wein bei mittlerer Qualität.⁴

1754 Frost am 7. Mai. Wein mittelmäßig und wenig.²

1755 Mittelmäßig, wenig. Im Januar und Februar außerordentliche Kälte.² Winter- und Maifrost. Nicht gut, erfroren und wenig.¹¹

1756 Mittelmäßig, sehr viel, am 1. Mai Frost.² Und war dennoch ein guter Wein.⁵ Im ersten Jahr des Siebenjährigen Krieges ging am 29. Oktober die Weinlese an, die sehr ergiebigst ausgefallen und recht gut war.⁴

1757 Ziemlich viel, gering, erfroren.²

1758 Weniger, mittelgut.² Sommer kühl und feucht.¹¹

1759 Gut, wenig, früh erfroren.² Hornissenplage.³

1760 Am 20. Okt. fing man die Weinlese an, die nicht allein gut, sondern auch recht ergiebig war.⁴ Gut und viel – in diesem Jahr erhielten wir so viel Wein wie seit vielen Jahren nicht.² Heißer und trockener Sommer.¹¹

1761 Besser, aber weniger.² Wuchs sehr guter Wein.⁵

1762 Wieder besser und nicht viel.⁶ Noch besser, aber wenig.²

1763 Wenig Trauben und schlechten Most.⁴ Sauer.² Sauer und gar nicht viel.⁶ Sehr saurer Wein.⁵ Winterfrost.¹¹

1764 Etwas besser.² Noch ziemlich gut, aber nicht viel.⁶ Kalt und naß.¹¹

1765 Mittelmäßig, nicht viel.² Der Most war an Güte sehr gering, bei mittelmäßiger Quantität.⁴ Nicht viel besser als 1763.⁵

1766 Viel und gut.² Recht gut, auch viel.⁶ Vorzüglich viel und guter Wein.⁵

1767 War ein Mißjahr.⁴ Sehr gering.² Wieder sehr gering.⁵ Nicht allzugut und nicht viel.⁶

1768 Halbe Ernte.⁴ Mittelmäßig – Ein Fuder 1747er Leistenwein aus dem Hofkeller wurde für 800 Reichstaler und ein Fuder 1748er Steinwein wurde für 1000 Reichstaler an den Weinhändler Thomas Barth aus Berlin verkauft.² Gut, teils Orten nicht viel.⁶

1769 Sehr gering, ein Frost anfangs Oktober zerstörte die Hoffnungen auf Wein.² Gering, teils Orten nicht viel.⁶

1770 Mittelmäßig und nicht gar viel.⁶ Wenig und mittelmäßig.²

1771 Nicht allzugut und nicht viel.⁶ Nach Quantität und Qualität unter der Mittelmäßigkeit.² Schauerliches Mißjahr.¹¹

1772 Gut, teils Orten viel.⁶ Gut und reichlich.⁴ Viel und vortrefflicher Wein. Ende September fand man reife Erdbeeren und die Holunderbäume blühten wieder.²

1773 Mittelmäßig. In der Weinblüte Regen.² Gut, teils Orten viel.⁶ Wuchs ein ziemlich guter Wein.⁵

1774 Ziemlich gut, wenig. Nach Martini viel Schnee und Kälte, so daß die Weinberge zum Teil nicht gedeckt werden konnten.² Gut und ziemlich viel.⁷ Menge nicht ergiebig, aber von guter Qualität.⁴ Besser, teils Orten ziemlich.⁶

1775 Gut und viel. Am 15. Mai Reif, am 19. Mai Schnee, beides ohne den Weinstock zu schädigen, wohl weil die Weinberge im Winter nicht gedeckt gewesen waren.² Sehr herrlich und viel.⁵ Recht gut und viel.⁷ Menge und Güte sehr gut.⁴ Gut, auch teils Orten viel.⁶

1776 Gering.⁵ Gering, teils Orten viel.⁶ Mittelmäßig an Qualität und teils Orten viel. Der Wein war etwas rauh.⁷ Vor der Lese nachteiliger Frost; darauf Regenwetter.²

1777 Gering.⁵ Viel und mittelmäßig, an manchen Orten wenig und gut.⁷ Besser, teils Orten viel.⁶ Am 16. Oktober Frost.²

1778 Besser.⁵ Sehr wenig, aber gut, anderwärts viel und ein lieblicher Hauptwein.⁷ Ziemlich viel und gut. Den 12. April Frost und Schnee. Bis Johanni hatte der Weinstock verblüht. Große Dürre. Lese den 22. Oktober. Vorher heftiger Frost.² Gut, teils Orten ziemlich.⁶

1779 Wuchs überaus viel und guter Wein. Auf dieses gesegnete Weinjahr wurde in Franken eine Münze geschlagen.⁴ Viel und gut. Mitte April alle Weinberge grün. Dürre. Frost den 3. Juni nachts, daß die meisten Weinberge erfroren, doch die »Mainleithen« ohne Schaden blieben.² Noch besser, teils Orten ziemlich.⁶ Gut und viel.⁵ Besser und teilweise viel.⁷

1780 Gut und viel; nach Verschiedenheit der Lagen auch wenig und nicht sonderlich gut. Am 20. Oktober wurde gelesen.⁷ Nicht übel.⁵ Mittelmäßiger Wein. Kälte bis Mitte Mai, Ende Mai aber 26 Grad Hitze. Anfangs Juni rauh, daß die Weinberge am Fuß litten. Hierauf Dürre.² Etwas geringer.⁶

1781 Wuchs ein Hauptwein, sehr gut und sehr viel. Er war stärker als der 1779er, aber nicht so lieblich. Gleich nach dem Herbste, welcher am 2. Oktober »eingethan« wurde, war er sehr wohlfeil, ist aber bald im Preis gestiegen. Alle Gewächse sind in diesem Jahr früh gezeitigt und gut geraten.⁷ Sehr gut und

48

viel.⁵ Gut und viel; Anfangs August weiche Beeren. Lese den 8. Oktober.² Vorzügliches Weinjahr, eines der vortrefflichsten in diesem Jahrhundert.⁴ Sehr gut.⁶ Heißer, fruchtbarer Sommer.¹¹

1782 Viele Trauben, viel aber saurer Wein. Am 4. November wurde gelesen.⁷ Geringer.⁵ Wein sehr gering. Ende April erfrör der Weinstock in der Wolle. Früher Winter, so daß über dreiviertel der Weinberge ungedeckt und sogar die Pfähle stecken bleiben mußten.² Sauer, aber viel.⁶ Frostschaden.¹¹

1783 Außerordentlich gut und sehr viel. Es war ein Hauptwein, der beste in diesem Jahrhundert. Den ganzen Sommer hindurch hat man wegen einem allgemein ausgebreiteten Höhenrauch die Sonne beinahe nicht zu sehen bekommen. Jedermann befürchtete üble Folgen davon; allein der Ausgang war gut. Es hat in allen Stücken ein sehr gesegnetes Jahr gegeben.⁷ Ganz herrlich und sehr viel.⁵ Vortrefflich, namentlich wo ungewöhnlich viel Fäulnis war. Das vorzüglichste Weinjahr im 18. Jahrhundert nach Menge und Güte.² Geriet ein hochedler Wein, der beste Wein des 18. Jahrhunderts, den auch Goethe hochschätzte.⁴ Gut und auch viel.⁶

1784 Sehr gut und ziemlich viel, mancher Orten auch mittelmäßig und wenig. Die Weinlese war am 10. Oktober.⁷ Viel und nicht sehr gut. Da der kalte Winter die nicht wohlgedeckten Stöcke bis auf den Kopf mitnahm, hatte man für dieselben befürchtet, doch erholten sie sich wieder. Jakobi war die Blüte vollendet.² Austrieb der Reben am 8. Mai, dann große Hitze und Dürre, am 29. September starker Regen und anschließend starke Fröste.⁴ Mittelmäßig und viel.⁶

1785 Viel Trauben, die aber nicht zeitig wurden, daher wenig und sauren Wein. Am 4. November war Weinlese.⁷ Wenig und gering.² Schlechte Weinlese.⁴ Sauer und sehr wenig.⁶ Winterfrostschäden.¹¹

1786 Mittelmäßig an Qualität und Quantität.⁷ Am 30. Oktober ging die Weinlese an, es fiel Kälte ein, daß die Trauben hart froren.⁴ Sauer und sehr wenig.⁶

1787 Etwas besser und etwas mehr.⁷ Besser und noch ziemlich.⁶

1788 Gut und viel, an manchen Orten nicht viel.⁷ Der Most war ziemlich gut, und in einer Menge, dergleichen man nicht erinnern konnte.⁴ Recht gut und viel.⁶ Heißer, trockener Sommer.¹¹

1789 Gering und sehr wenig.⁷ Große Teuerung. Ausfall durch Winterfrost, am 18. Dezember 1788 −19 Grad R.¹¹

1790 Etwas besser und nicht viel.⁷ Gering und wenig. Am 7. Mai erfroren Wein und Obst.² Etwas besser und nicht viel.⁶

1791 Gut und ziemlich viel.⁷ Am 7. Mai erfror der Weinstock.⁴ Frühjahrs- und Herbstfröste.¹¹

1792 Gering und sehr wenig.⁷ (Gleichlautend auch⁶). Schwere Frostschäden im Mai.¹¹

1793 Mittelmäßig an Quantität und Qualität.⁷ Gering, teils Orten ziemlich.⁶ Am 24. Mai und 12. Juni sind die Weinberge erfroren.⁴ Hochfürstliche Hofkammer läßt eine Kollekte für die notleidenden Häcker veranstalten.¹¹

1794 Recht gut und viel.⁷ War ein sehr gutes Weinjahr.⁵ Ein Hauptwein und ziemlich viel.⁴ Recht gut und viel.⁶ Guter geistiger Wein.²

1795 Wenig und schlecht.⁷ War gar keine Weinlese; in manchen Weinbergen war auch nicht eine Traube anzutreffen.⁴ Mittelmäßig, sehr wenig.⁶ Frühjahrsfrostschäden.¹¹

1796 Wenig und etwas besser.⁷ Schlechtes Weinjahr.⁴ Sehr wenig und nicht gut.⁶

1797 Mittelmäßig und nicht viel.⁷ (Ebenso ⁶).

1798 Viel und gut.⁷ Ist zwar ein ziemlich guter Wein gewachsen, aber im September hat ein fürchterliches Unwetter viel Schaden an den reifen Trauben angerichtet.⁵ Guter und geistiger Wein.² Reicher Herbst.⁴ Gut und ziemlich.⁶

1799 Sauer und an manchen Orten ziemlich viel. Man nannte ihn »Landsturm«.⁷ Ein geringes Jahr; Weinlese erst ab 4. November; die Trauben waren welk.⁴ Sauer, teils Orten ziemlich.⁶ Wuchs ein geringer Wein.⁵ Winter- und Maifrostschäden.¹¹

1800 Wenig und ziemlich gut.⁷ Wuchs auch nicht viel und kein vorzüglicher Wein.⁵ Es hat sehr wenig Wein gegeben.⁴ Gut aber nicht viel.⁶ Am 14. Juni ein großer Frost, »welcher den Weinstock viel Schaden getan«.⁴ Winterfrostschäden.¹¹

1801 Wenig und gut.⁷ War mittelmäßiger Weinwuchs.⁵ Gut und nicht sehr viel.⁶ Nasse Blüte.¹¹

1802 Wenig und gut.⁷ Geringer, nicht viel.⁶ Mittelmäßiger Weinwuchs.⁵ In Paris wurde mit 39°C die höchste Temperatur seit Erfindung des Thermometers gemessen.³ Am 17. Mai sind die Weinberge »bis auf das Haupt erfroren«.⁴

1803 Sauer und sehr wenig, ist zweimal erfroren.⁷ In Schweinfurt wird auf Befehl der Regierung zum ersten Mal geräuchert, vom 14. bis 18. April und am 17. Mai; der Erfolg ist nur bei günstigem Wind gegeben.⁴ Sauer, sehr wenig, ist zweimal erfroren.⁶

1804 Recht gut und viel.⁷ Lesebeginn am 23. November.⁴ Gut, auch ziemlich.⁶ Sehr gut – ausgezeichnet gut.²

1805 Waren am 19. Oktober die Trauben noch nicht den fünften Teil weich. Am 20. Oktober erfroren alle Weinberge in Berg und Tal. Keine Ernte. Das Jahr war so kalt und frostig, daß man die nicht zeitig gewordenen Trauben an den Stöcken hängen ließ (so auch⁵), weil sie weder für Menschen noch für das Vieh genießbar waren.⁴ Schlecht, halb zeitig, halb erfroren.⁶ Nicht zeitig, total erfroren.⁷ Schlecht, halbzeitig, erfroren.¹¹ 1805 wurde der von Medizinalrat Pickel (Juliusspital) vorgeschlagenen Räucherung zur Abwendung der Frostschäden in Weinbergen der erste Versuch angestellt, kam aber bereits nach einigen Jahren wieder außer Anwendung. (Vgl. 1803, 1929, 1960).¹¹

1806 Viel und mittelmäßig.⁷ Mittelmäßig, auch ziemlich.⁶

1807 Recht gut und viel, wozu die gute Septemberwitterung beigetragen hat.⁷ Wuchs wieder ein ziemlich guter Wein.⁵ Gut – Ausgezeichnet gut.² Gut, auch ziemlich.⁶

1808 Mittelmäßig und viel.⁷ Wieder fast ebensoviel wie 1807, aber viel geringer.⁵ Mittelmäßig, auch ziemlich.⁶

1809 Sauer und nicht viel.⁷ (Genau so lautend auch⁶). Sehr wenig, auch nicht sehr gut.⁵ Schaden durch Winterfrost.¹¹

1810 Ziemlich viel und mittelmäßig.⁷ Sehr wenig, auch nicht sehr gut.⁵ Wenig Wein, mittlerer Herbst.⁴ Gut, nicht viel.⁶

1811 Ein Hauptwein, ausbündig gut und viel, ein wahrer Nektar. In diesem Jahr erschien der berühmte Komet.⁷ Der beste seit langer Zeit und an den meisten Orten sehr viel.⁵ Vorzüglich – Ausgezeichneter Kometen-Wein.² Überdurchschnittlicher Jahrgang; Segensjahr, sehr viel und sehr guter Most. Am 9. Juni waren die Trauben schon verblüht. Am 29. Juni fand man schon weiche Trauben. Ebenfalls Lieblingswein Goethes. Ein »Ausbund«; guter Hauptwein.⁴ Hauptwein, ziemlich.⁶ (Vgl. Goethe, Westöstlicher Diwan, das Schenkenbuch, dem Kellner: »Wer mir Wein bringt, sehe mich freundlich an, sonst trübt sich der Eilfer im Glase«). Kalter Januar, nasser Februar, trockener März und April, warmer und freundlicher Mai, Blüte vor Johanni, heißer Sommer und Herbst.¹¹

1812 Sehr viel von mittlerer Güte.⁷ Es wuchs eine große Menge Weins, so daß manche kaum ihn füllen konnten, aber er war ziemlich sauer.⁵ Mittelmäßig, sehr viel.⁶ Viel Wein, aber gering.⁴

1813 Wenig und sauer.⁷ Die Weinlese war sehr gering, der Menge und der Güte nach.⁵ Für den Wein ungünstige Witterung bis 1817.⁴ Sauer und nicht viel.⁶ Winterfrostschäden.¹¹

1814 Wenig und etwas besser, ist zweimal erfroren.⁷ Der Wein wurde sehr sauer, und es gab auch wenig.⁵ Sauer, sehr wenig, ist zweimal erfroren.⁶ 14. Februar – 17 Grad R.¹¹

1815 Mittelmäßig, nicht viel.⁷ Der Wein wurde wieder nicht viel besser als 1812.⁵ Harter Winter.¹¹

1816 Der Wein geriet gar nicht.⁵ Es gab gar keinen Wein, und ist im Herbst erfroren.⁷ Die ungedeckten Weinberge sind erfroren. Der Most war sehr sauer.⁴ Wenig, ist gar nicht reif geworden.⁶ 11. Februar – 16 Grad R.¹¹

1817 Am 4. Oktober erfroren die noch unreifen Trauben, so daß es kaum der Mühe wert war zu lesen und dennoch war der Most teuer und es kostete der Eimer 10–14 Gulden.⁷ Am 1. Mai waren die Weinberge noch wie an Weihnachten und am 4. Oktober Frost.⁴

1818 In diesem Jahr war dreimaliger Kieselschlag. Der Wein war ziemlich gut und gab an manchen Orten auch viel.⁷ Der Wein geriet wohl. Er war sehr stark.⁵ Sehr gut.² Gute Qualität, wegen großer Dürre mittelmäßige Quantität.⁴ Gut und teils Orten viel.⁶ Viel und lieblich. Heißer Hochsommer.¹¹

1819 Viel und gut. Ungeachtet (daß) der Weinstock im Frühjahr erfroren war, hat er doch viel nachgetrieben. Der Wein hat aber mit den Jahren an Qualität abgenommen.⁷ Am 22. Juli fand man hier weiche Beeren.⁵ Viel und lieblich.² Gut und teils Orten viel.⁶ Most im Überfluß, doch geringer als im Vorjahr.⁴

1820 Gering und wenig.⁷ Sehr wenig und sehr gering.⁴ Verderblicher Frost am 5. Mai in Deidesheim/Pfalz.³ 16. Januar − 16 Grad R, Maifrost.¹¹

1821 Gering und sehr wenig.⁷ (So auch ⁶). Noch weniger als im Vorjahr.⁴ Beim Bürgerspital wurden zum Versuch einige Weinberge in geraden Längszeilen gezogen.¹¹

1822 Sehr gut und ziemlich viel.⁷ Guter Most, Kometenwein, Blüteende 15. Juni, Weinlese 10. September. (Von diesem Jahrgang wird im Jahr 1833 aus dem Keller des Juliusspitals ein Stückfaß Pfülben für 1100 Reichstaler verkauft). Sehr gut − Ein Hauptwein.² Sehr gut, ziemlich.⁶

1823 Mittelmäßig und viel.⁷ Viel Gescheinsansatz.⁴ 23. Januar − 17,5 Grad R., viel Glatteis.¹¹

1824 Gering und nicht viel.⁷ (So auch ⁶). Durch Hagel an manchen Orten alles vernichtet.⁴ Man nennt ihn in der Pfalz »Dreimännerwein«.³

1825 Gut und wenig, ist im Mai erfroren.⁷ (So auch ⁶).

1826 Gut und ziemlich viel.⁷ Bei ⁶ die gleiche Meldung. Sehr guter Wein.⁴ Viel und guter Wein.² ⌀ 11,54 hl/ha.¹¹

1827 Sehr gut und zum Teil ziemlich viel. Vor der Weinlese trat eine zeitige Fäulnis ein. Der Wein hatte eine außerordentliche Süße, aber die Eigenschaft, daß er nicht leicht klar wurde und im trüben Zustand gar keinem Weine im Geschmack glich. Übrigens war es ein sehr haltbarer Wein. In diesem Jahr sind fast alle Gartentrauben erfroren und haben gar keinen Ertrag geliefert.⁷ Hauptwein, mittlerer Ertrag.⁴ Noch besser und ziemlich.⁶ Sehr gut.² Am 17. und 18. Januar −21,5 Grad R, hell und duftig, die Reben sind erfroren. ⌀ 9,68 hl/ha.¹¹

1828 Gut und sehr viel.⁷ Sehr viel Wein, aber nur von mittelmäßiger Qualität.⁴ Gut und ziemlich.⁶ Gut.² War das Wetter am Anfang günstig, dann regnerisch und kalt. Es gab sehr viel, aber nur von mittlerer Güte. ⌀ 26,13 hl/ha.¹¹

1829 Sauer und wenig.⁷ (Ebenso ⁶) ⌀ 14,25 hl/ha. Die gedeckten Reben waren sehr stark erfroren, die ungedeckten hingegen nicht. Am 23. Okt. gab es noch viele harte Trauben.¹¹

1830 Mittelmäßig und wenig.⁷ (Ebenso ⁶) ⌀ 15,5 hl/ha. Sehr früher, kalter und langer Winter; viel Holz ist erfroren.¹¹

1831 Mittelmäßig und wenig.⁷ Mittelmäßig, teils Orten viel.⁶ ⌀ 22,7 hl/ha. Auch in diesem Winter erfroren die ungedeckten Reben. Am 8. Mai Nachtfrost, ebenso am 12. und 15. Mai. Ungünstiges Blütewetter und doch gab es mehr Wein als man annahm.¹¹

1832 Mittelmäßig und ziemlich viel.⁷ Mittelmäßig und ziemlich.⁶ ⌀ 17,7 hl/ha. Spätfrost am 15. Mai. Vortrefflicher August. Am 23. und 24. September erfroren die Reben. Am 10. Oktober erfroren die unreifen Trauben.¹¹

Blühendes Geschein.
Die Blüte ist eine sehr wichtige Phase im Vegetationsablauf der Rebe.

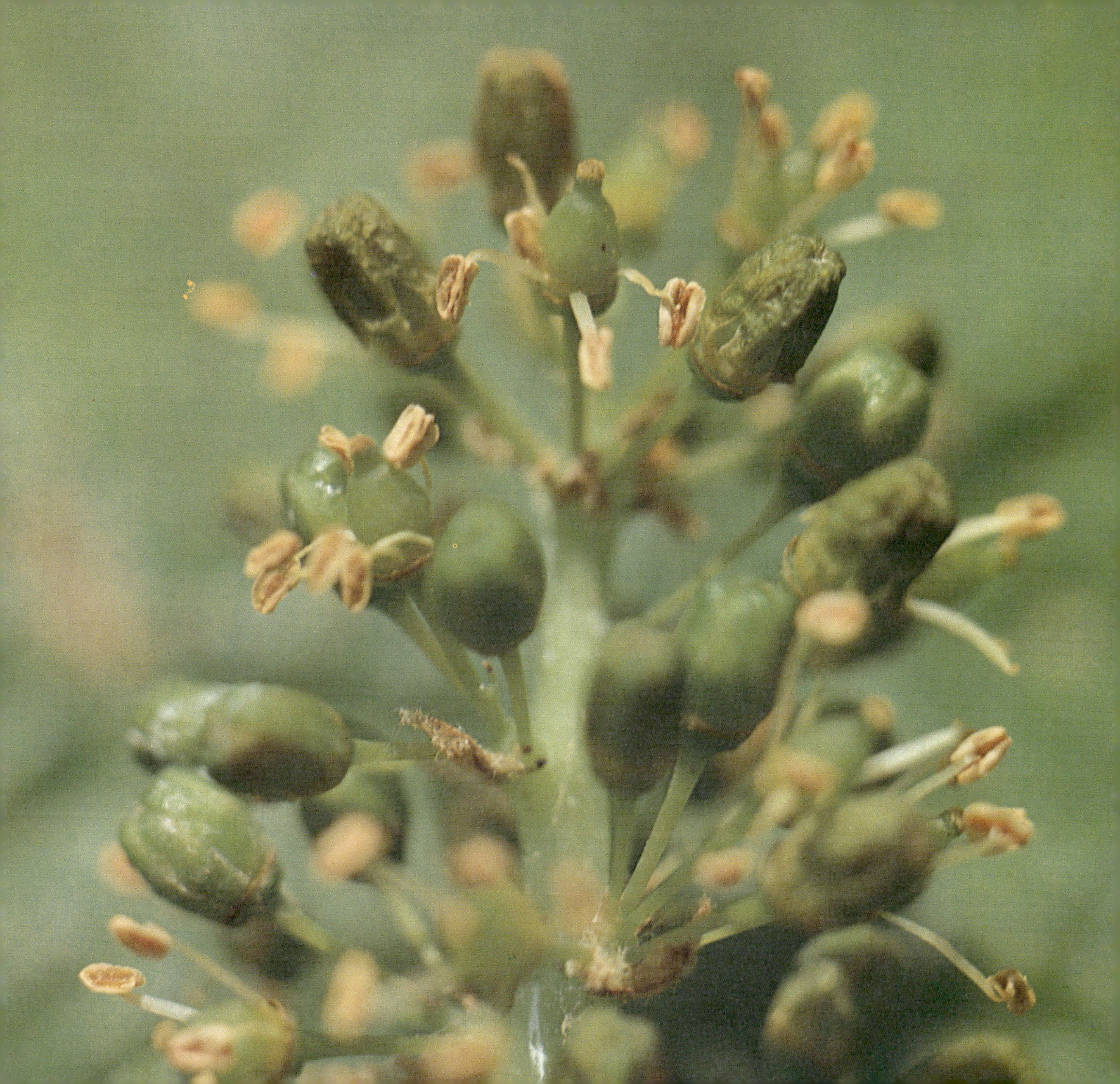

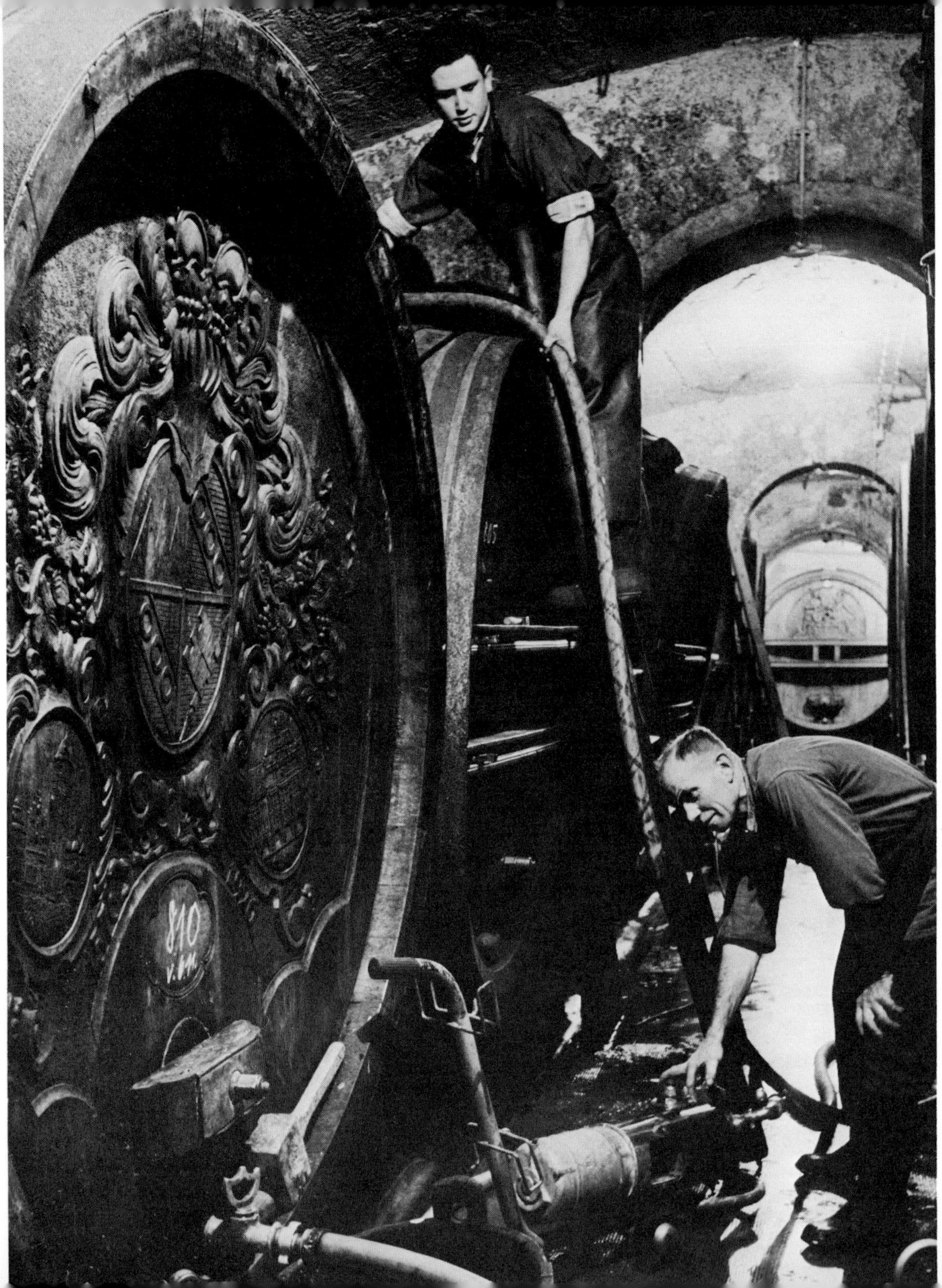
810

1833 Ebensoviel wie im vorigen Jahr.⁷ (Gleicher Wortlaut auch bei ⁶) ⌀ 35,5 hl/ha. Am 8. Mai war an den Bäumen und Reben noch kein Leben spürbar und schon am 22. Mai fand man, allerdings in den besten Lagen, blühende Gescheine. Als niemand mehr an eine Frostgefahr dachte, war doch noch nach den Nächten vom 28. bis 31. Mai in manchen Lagen eine deutliche Frostspur sichtbar. Am 8. Juni kamen in den besseren Lagen die Gescheine allgemein zur Blüte und auch in den geringeren Lagen war sie am 24. Juni beendet. Juli und August verzögerten durch kühle Witterung einen normalen Ablauf, sonst hätte es ein Hauptwein werden können. Der sonnenscheinreiche Oktober konnte dies nicht mehr gutmachen.¹¹

1834 Gut und ziemlich viel.⁷ Es wurde so viel Most geherbstet, daß man den Apfelmost ausschütten mußte, um den Weinmost fassen zu können. Er übertraf alles in Stärke und »Süßing«. Gut und ziemlich viel.⁶ Sehr gut – viel und gut.² ⌀ 31,5 hl/ha. Wegen des nassen und milden Januars regte sich die Natur. Mandeln blühten und selbst die Augen der Reben regten sich. Trotzdem waren infolge kühler Witterung in den Folgemonaten die Reben am 1. Mai noch blind, standen aber Ende Mai in voller Blüte. Am 29. Mai geringe Frostschäden. Vom 24. bis 26. September brachten die Nächte den ersten Reif. Danach trockenes, heiteres Herbstwetter, es war ein gutes Jahr. Es gab Wein in Mengen, und war da, wo spät gelesen wurde, von außerordentlicher Güte. Der gute 1822er wurde noch übertroffen.¹¹

1835 Mittelmäßig, auch viel.⁷ Viel – wie seit Menschengedenken nicht – und ziemlich gut.⁴ Gut.² Blüte vom 18. Juni bis 4. Juli; Traubenweiche am 15. September. Lese Ende Oktober. Am 14. November hatte es –9 Grad C und man machte »Eiswein«. Es gab einen kräftigen bouquettreichen Wein.¹¹

1836 Mittelmäßig und wenig.⁷ Gut, aber nicht viel.⁴ ⌀ 9,2 hl/ha. Frostschaden am 11. Mai, Blüte vom 25. Juni bis 4. Juli. Ungünstige Herbstwitterung. Große Trockenheit im Sommer. Ein viertel Herbst. Frühfrost am 1., 2., 12. und 13. November.¹¹

1837 Sauer und viel.⁷ (Ebenso ⁶). Ein sehr geringer Wein.⁴ ⌀ 22,5 hl/ha. Sehr viele Trauben konnten wegen ungünstiger Witterung nicht richtig reif werden. Traminer war noch scheckig. Die Trauben preßten sich schlecht aus.¹¹

1838 Mittelmäßig und wenig.⁷ (Ebenso ⁶). Die große Kälte im Januar und Februar machte viel Schaden an dem schlecht ausgereiften Holz. Doch nachdem sich alles gut erholt hatte, tötete der Reif am 11. Mai die ganze Pracht. Nach regenreichem Sommer Frost am 13. und 14. Oktober. In diesem Jahr waren alle Weinberge schon an Martini gedeckt um einem ähnlichen Frost vorzubeugen.¹¹

Geschnitztes Weinfaß aus dem Jahr 1926 im Keller des Juliusspital-Weingutes in Würzburg.

1839 Mittelmäßig, an manchen Orten wenig.[7] (Ebenso [6]). ⌀ 18,8 hl/ha. Später Vegetationsbeginn, dann günstiges Wetter für Austrieb und Blüte. Nasser Sommer und viel faule Trauben. Starkes Auftreten des Brenners.[11]

1840 Mittelmäßig und wenig.[7] (Ebenso [6]). Geringer, saurer Wein.[4] ⌀ 8,2 hl/ha. Ungünstiges Blütewetter. Große Trockenheit. Bei ungünstiger Witterung im Oktober faulen die Trauben. Frühfrost am 8. Oktober.[11]

1841 Der Wein wurde gut und brauchbar, aber in der Quantität nur 2 Eimer je Morgen (Mg). Er wurde zu 8 bis 10 Gulden (fl.) verwertet. »Honhart« (Weinbergslage bei Castell) nur ein Viertel-Herbst. Bei den übrigen Weinbergen gab es entweder gar nichts oder nur sehr wenig. Trauben sehr gut, aber sehr verschieden wegen des vorigen kalten Winters, auch der Brenner fiel ein, mancher Morgen nicht einmal 1 Eimer Most.[5] Gut, aber wenig.[7] (Ebenso [6]). Das Laub war ganz rot vom »Brönner«.[4] ⌀ 6 hl/ha. Die anhaltende Frostkälte, die schon am 16. Dezember 1840 – 17 Grad R erreichte, schädigte nicht nur die Augen und das Holz der Reben, sondern auch die Wurzeln. Die gut beginnende Blüte wurde durch schlechtes Wetter unterbrochen und es trat im ganzen Wachstum des Stockes ein Stillstand ein. Der »Brönner« trat sehr stark auf. Ab Juli bekamen die Weinberge eine richtige Herbstfarbe. Durch günstiges Sommerwetter wurde das Wachstum wieder angeregt und die Reben bekamen wieder grüne Spitzen.[11]

1842 Wein gut und ziemlich. Wurde von der Kalter weg um 9–10 fl. verwertet. Qualität ebenfalls nicht sehr groß. Wein von vorzüglicher Güte, eine halbe Ernte. Der alte Eimer zu 78 bayerische Maß wurde mit 9–10 fl. bezahlt. Der Wein war ziemlich gut, hätte aber bei immerwährendem Sonnenschein viel besser werden können, wenn der Weinstock Feuchtigkeit gehabt hätte. Er kostete 8 bis 10 fl.[5] Besser und zum Teil viel.[7] (Ebenso [6]). Guter Wein.[4] Große Trockenheit im Sommer wie sei Jahrhunderten nicht mehr; man sah sich genötigt, den Viehbestand zu reduzieren. ⌀ 9,9 hl/ha. Am 5., 9., 16., 18. und 21. Oktober Frühfrost. In den etwas feuchteren Lagen wurden bis zu 3 Fuder Most geerntet. Die allzugroße Hitze hatte der Qualität geschadet.[11]

1843 Wein wurde noch brauchbar und ziemlich; wurde von der Kalter weg zu 4–5 fl. verwertet. Wie in ganz Franken kamen auch in Castell die Trauben nicht zur Reife. Deshalb erfolgte der Verkauf der Trauben am Stock. Trauben fangen erst an zu weichen (27. 9.) und lagenweise sehr wenig. Der Wein war sauer und wenig, doch kostete derselbe, weil es auch im vorigen Jahr daran fehlte, 4 fl.[5] Infolge der großen Dürre des Jahres 1842 herrschte große Teuerung. Der starke Reif am 11. Mai vernichtete viele Augen. Durch naßkaltes Wetter wurde die Blüte sehr in die Länge gezogen, was eine höchst ungleiche Entwicklung der Beeren zur Folge hatte. Weiterhin trat der schwarze Brenner wieder stark auf. Nach einem naßkalten Sommer und Herbst begann die Lese am 6. November. Durch überhöhte Preise wurde wenig gekauft. ∅ 4,8 hl/ha.[11] Sauer und ziemlich viel.[7] Den 18. Oktober ist Berg und Tal erfroren. Saurer Wein.[4] Sauer und ziemlich.[6]

1844 Der Wein ist mißraten, weil gerade zur Traubenblüte kein Sonnenschein kam, sondern meistens Regen, wodurch die Blüten abgefallen sind. Es wurde per Mg nur 1 Eimer Ertrag gerechnet und je Eimer 7–8 fl. verkauft. Am 1. 10. Reif und ziemlich viel Trauben erfroren, darum halber Herbst zu erhoffen. Der Most war wenig und gering.[5] Gering und nicht viel.[7] (Ebenso [6]). Ein geringer Herbst.[4] ∅ 8,9 hl/ha. Am 29. April erfrieren in geringen Lagen einzelne Augen. Nur wenig Samenansatz (das Jahr 1843 war sehr kühl und naß). Verzögerte Blüte. Reif am 1. Oktober, der Blätter und auch Trauben angriff. Lese am 4. November. Die Mostpreise waren trotz mittelmäßiger Qualität sehr hoch. Seb. Englerth, Randersacker schreibt: »... dies war der teuerste Beereneinkauf in meinen Leben.«[11]

1845 Der Wein wurde brauchbar und mit der Qualität konnte man auch zufrieden sein; er wurde zu 9–10 fl. verwertet. Es gab einen Mittelwein, 1 Eimer 8–10 fl. Der Wein wurde nur ein ganz geringer, da seiner Entwicklung die Witterung später nicht mehr günstig war.[5] Mittelmäßig und ziemlich viel.[7] 1845 Fehljahr. Ende Januar begann eine Kälteperiode, die bis Ende März anhielt. Es lag viel Schnee. Häufiger starker Rauhreif und Frost bis −20 Grad. Der Main war zugefroren, so daß bis 17. März ein beladener Wagen darüber fahren konnte. Viele Obstbäume gingen ein. Der Rebschnitt war ein Problem und es wurde teils sehr kurz und teils sehr lang angeschnitten. Selbst die gedeckten Weinberge hatten erfrorene Augen, da in den besseren Lagen der Schnee weggetaut war. Später zeigte es sich, daß der kürzere Anschnitt der bessere war, da hierbei der Stock von unten kräftig durchtrieb und wieder neu aufgebaut werden konnte. Das späte Frühjahr wirkte sehr hemmend auf die Vegetation, daß man zu Pfingsten (11. Mai) den Altar nur mit Tannenzweigen schmücken konnte. Die Weinberge entwickelten sich nur zögernd; später trat aber doch günstiges Wetter ein. Der Herbst begann am 3. November. Als Folge der Frostschäden und des schlechten Blütewetters war der Ertrag in den besseren Lagen nur ¼ bis 1½ Eimer, die Mittellagen und die geringeren Lagen brachten es doch auf 1 bis 2 Eimer.[11] Beim Staatsweingut wurden die mit besonderer Vorliebe angepflanzten Traubensorten wie Schwarzklävner und Ruländer wieder ausgehauen.

1846 Wein viel und gut. Er ist um 12–15 fl. verkauft worden. Die Beeren fielen zwar ungemein stark, der Most war aber doch von vorzüglicher Qualität. Most sehr gut. 1 Eimer 12–15 fl. Der Herbst war sowohl in Quanität als Qualität ein ausgezeichneter.[5] Gut und ziemlich viel.[7] Sehr gut – ausgezeichnet.[2] Viel und besonders guter Wein. Sehr trocken gewachsen. Den 21. Februar hat der Vogel Kuckuck schon geschrien.⁴ ⌀ 17,8 hl/ha. Spätfrost am 28., 29. und 30. April schädigte die ausgetriebenen Augen in den Hauptlagen, während der Austrieb in den mittleren und geringen Lagen so zurück war, daß kaum Schaden auftrat. Die günstige Witterung im Mai ließ die Vegetation schnell vorankommen. Der Gescheinsansatz war reichlich. Günstiges Blütewetter, trockener Juni, Juli und August. Lesebeginn 12. Oktober. Es war ein überraschend guter Herbst. Man konnte pro Morgen ein Fuder rechnen. Es ist ein guter, geistiger Wein gewachsen, der etwas süß war und dem 1834er ähnlich sein dürfte. Wegen der Rebenmüdigkeit begann man mit Regenerationsversuchen, es wurde 1,20 m tief rigolt.¹¹

1847 Der Wein wurde noch brauchbar und in Quantität entsprechend 6-8 Eimer je Mg, und wurde zu 4-5 fl. verwertet. Er wurde wegen der im Herbst eingetretenen Traubenfäule sehr unartig, daher wurde er nicht beliebt, daher auch Geld verloren. Trauben ganz unterschiedlich, die einen blieben ganz unreif und schlecht, die anderen wurden ganz gut. Auslese wurde deshalb notwendig. Die sog. süßen und sauren Schwarzen blieben ganz unreif und essigsauer, die Muskateller wurden nur auf der der Sonne zugewendeten Seite genießbar, auf der unteren Seite aber blieben sie unreif, ebenso reiften auch die Burgunder nur teilweise aus. Dagegen sind im allgemeinen die Österreicher und Schwarzklevner in der Reife voran und wurden deshalb auch für sich gekeltert. Die Trauben, die in nie gesehener Fülle gewachsen waren, versprachen im Sommer den ergiebigsten Herbst, als plötzlich am 23. August abends ein furchtbares Gewitter über die Gegend sich erhob und ein Wolkenbruch fiel, der großen Schaden in den Weinbergen machte. Von jenem Abend an blieb das Wetter schlecht, es regnete lange fort und war kalt. Die Trauben konnten teilweise nicht reifen und die meisten gingen in Fäulnis über. Der Most fiel gering aus und wurde mit 3-3½ fl. bezahlt. Wein mittelmäßig. 1 Eimer: 5 fl.⁵

Mittelmäßig und ziemlich viel.⁷ ⌀ 11,5 hl/ha. Starker Frost schon im Dezember, bissige Kälte auch im Januar und Februar. Es gab frostgeschädigte Augen. Wegen rauhem Frühlingswetter nur zögernde Entfaltung der Vegetation. Der Samenansatz reichlich und Blüteverlauf gut. Die Trauben wuchsen schnell und man versprach sich einen reichlichen Herbst. Es wurden Fässer angeschafft. Durch die große Hitze litten aber die Trauben. Später setzte starke Fäulnis ein und zwang am 29. Oktober die Lese zu beginnen. Da sehr viel faules Lesegut vorhanden war, ist der Wein dem der Jahrgänge von 1833 und 1839 ähnlich. Der Mostverkauf verlief wegen reicher Apfelmostherstellung und Verbilligung des Biers sehr schleppend.¹¹

1848 Wein viel und gut, wurde im Herbst um 6-7 fl. verwertet. Es wuchs ein hübscher Wein. Wein wenig, aber sehr guten. Er wurde im Herbst mit 8 fl. bezahlt. Guter Wein zu erhoffen. 1 Eimer: 6 fl., und viel gegeben.⁵

Ziemlich gut und ziemlich viel.⁷ Viel und gut.² Gut und ziemlich.⁶ Gut aber nicht viel.⁴ ⌀ 16,6 hl/ha. Viel und gut.¹¹

1849 Ein mittelmäßiges, aber doch gesegnetes Jahr, sowohl an Wein, als an Halmfrüchten und Futter. Der Wein wurde bei der Weinlese viel geringer gehalten als er wirklich war, was zwar jedesmal der Fall war, wenn ein besseres Jahr vorausging. Wein gab es ziemlich viel, aber von geringer Qualität. Er kostete 2–2½ fl. Weinberge versprechen reichlichen Herbst (8. Okt.), aber nicht von großer Güte.⁵ Gering an Qualität und ziemlich viel.⁷ Mittelmäßig und ziemlich.⁶ Sehr viel, aber mittlere Qualität.⁴ ⌀ 22,42 hl/ha, mittelmäßiger Wein.¹¹

1850 Der Wein wurde wegen zu viel Feuchtigkeit und Mangel an Sonnenschein sehr gering, der Eimer wurde zu 1½–2 fl. verkauft. Ein Jahr später kostete er 4–5 fl. Der Wein war nur für Essig verwendbar. Die Trauben wurden deshalb wieder am Stock verkauft, sie waren hart und sauer geblieben. Wein sehr schlecht. Für den Häckersmann ein schlechtes Jahr. Geringer Most, daß nur die Essigsieder etliche Fuder gekauft: 1 Eimer 1 fl. 45 cr.⁵ Ein geringer Wein.⁴ Sauer, teils Orten viel.⁶ ⌀ 21,87 hl/ha, schlechter Wein.¹¹

1851 Der Wein wurde nicht reif, der Eimer kostete von der Kalter weg 1 bis 1½ fl. Meinen Ertrag von 4 Mg habe ich für 4 fl. abgegeben, um mir die Kosten für das Ablesen zu ersparen. In qualitativer Hinsicht genauso unbefriedigend wie im Vorjahr. Die Trauben sind nicht ausgereift. Der größte Teil der Beeren blieb hart und diejenigen, welche wirklich reif wurden, waren derart sauer, daß höchstens Trinkwein oder Essig gemacht werden konnte. Der Weinstock kam sehr spät zur Blüte und es regnete in diese hinein; die Beeren fielen meistens ab und die Blätter wurden gelb. Weinlese begann am 10. Nov.; Most sehr sauer und sehr wenig. Der Mostertrag am Herbst 1851 war der Quantität nach ein sehr geringer, der Qualität nach ein sehr schlechter. Ich bekam von 2¾ Mg Pfarrweinbergen nur 5 Eimer. An anderen Weinorten konnte man gar nicht keltern, so wenig gezeitigt waren die Trauben. Auch dahier fand ich nicht viele völlig reife Trauben. Der Eimer Most wurde mit 1 fl. 30 cr. (alter Eimer) bezahlt. Das Juliusspital ließ gar nicht lesen, sondern verkaufte den Mg um 30 cr.⁵ Ganz gering.⁴ Gering und nicht viel.⁶ Mißjahr – sehr schlechter Wein.¹¹

1852 Der Wein wurde noch gut und gehört mit unter den besseren seit ao. 1846, nur ist er in Quantität gering ausgefallen, per Mg nur 3 Eimer, und wurde im Herbst um 8–12 fl. verwertet. Bleibt im Verhältnis der Vorzüglichkeit dieses Jahrgangs zurück. Weinberge versprechen eine spärliche Lese, in manchen Lagen der Mg kein halbes Fuder Most. Es gab aber einen guten Wein. 1 Eimer – 10 fl. Der Herbstertrag gab ein gutes Gewächs, jedoch versprach man sich eine noch bessere Qualität. Anfangs wurde der Eimer mit 14 fl. bezahlt; er sank aber immer mehr im Preise.⁵ Gut und ziemlich.⁶ Gut.² 13,63 hl/ha. Mittelmäßiger Wein.¹¹

1853 Der Wein wurde wegen des sehr späten Frühjahrs gering; der Eimer wurde von der Kalter zu 4–6 fl. verwertet; die Quantität fiel gut aus, im Durchschnitt per Mg 12 Eimer. Der Most von »Honart« sehr gering. Weinberge an Quantität und Qualität gering, 1 Eimer: 4 fl.[5] Sauer und ziemlich.[6] 21,72 hl/ha, geringer Wein.[11]

1854 Wein wurde noch ziemlich, aber in Quantität sehr gering, weil der Weinstock dieses Jahr zweimal erfroren und zwar zu einer Zeit, wo sich so starke Fröste nur selten einstellen (25. 4. und 11. 9.). Ein Drittel der Weinberge lieferte gar keinen Ertrag. 1 Eimer von der Kalter weg 10–12 fl. Die Lese mußte wegen Wintereinbruch tagelang unterbrochen werden. Die Trauben des »Honart« waren meistens erfroren. Weinstock gab halben Herbst, litt im Frühjahr viel an Frost und am 9.9. gereift, so daß ebene Weinberge total erfroren; 1 Eimer: 10 fl. 52–65 Oechsle.[5] Mittelmäßig und nicht viel; zweimal erfroren.[6] ⌀ 9,86 hl/ha; große Frostschäden im April, Wein gut.[11]

1855 Wein ziemlich und gut. Most von der Kalter weg 10–12 fl. Auslese war nicht zweckmäßig, da die Schwarzklevner nur eine geringe Creszenz ergaben; die in der Reife aber ziemlich vorwärtsgegangenen Traminertrauben mußten den Most der übrigen Trauben verbessern. Vollreife in manchen Lagen zurückgeblieben. Wenig, bei mittlerer Qualität. 58–73 Oechsle.[5] Mittelmäßig, nicht viel.[6] Mittelmäßig.[2] Gut.[2] ⌀ 19,51 hl/ha, guter Mittelwein.[11]

1856 Guter, mittelmäßiger, sehr brauchbarer Wein, welcher von der Kalter weg 10–15 fl. gekostet. In Kitzingen je Mg 2–3 Eimer (Hagelschlag am 20. 6. und später ein zweiter), an anderen Orten 8–10 Eimer geerntet. Weinberge im vorigen Winter teilweise erfroren, daher schlechtes Mengenergebnis. Qualität sicher dem Vorjahre gleich, falls nicht wenigstens etwas besser. Most von guter Qualität; 1 Eimer kostete zwischen 13–14 fl. Mittelernte (Kieselschlag) 63–79 Oechsle.[5] Mittelmäßig, nicht viel.[6] ⌀ 10,55 hl/ha, schlechter Wein.[11]

1857 Der Wein kann als Hauptwein sicherlich angenommen werden, auch der Ertrag war gut, per Mg 8–10 Eimer. Die Preise im Herbst 14–16 fl. Ein vorzüglicher Jahrgang. Wein sehr gut geraten; an Menge mittelmäßig, 79–91 Oechsle. Der Wein war ein vorzüglicher, auch ziemlich viel.[5] Ein Hauptwein und ziemlich.[6] Ist ein sehr guter Wein gewachsen, desgleichen seit 400 Jahren nicht.[4] Sehr gut.[2] ⌀ 22,4 hl/ha, Hauptjahr, viel und sehr gut.[11]

1858 Der Weinstock allein hatte sehr günstige Witterung (Trockenheit), daher auch ein guter Wein, teils Orten sogar dem vorjährigen gleich, im allgemeinen aber nicht. Hier wurden 6–8 Eimer, in manchen Orten aber, nämlich am Schwanberg 12–20 Eimer per Mg erzielt. Der Preis von der Kalter 10–14 fl. je Eimer. Ausgezeichnetes Jahr an Wein, gute Ernte, aber viel faul. 71–78 Oechsle. Ein ausgezeichnetes Weinjahr in bezug auf Quantität und Qualität. Der Most durchschnittlich 12–15 fl. Die Leute, welche noch nach Allerheiligen zu lesen hatten, mußten ganz hartgefrorene Trauben aus dem Schnee hervorziehen, wobei viel durch Herabfallen zu Grunde ging. Besonders das Juliusspital, das noch 8 Tage in diesem schrecklichen Wetter bei ziemlich tiefem Schnee lesen lassen mußte, hatte großen Schaden.[5] Ist ein sehr guter Wein gewachsen.[4] Gut und ziemlich.[6] Sehr gut.[2] ⌀ 14,07 hl/ha, frühes Jahr, heißer, trockener Sommer, Hauptwein.[11]

1859 Der Weinstock lieferte im allgemeinen nur eine halbe Ernte. Qualität aber besser als im vorigen Jahr, die Fäule brachte viel Schaden. Menge an Wein gering, aber Güte sehr gut. 1 Eimer = 10 fl. Gute Ernte, viel faul. 78–91 Oechsle. Die Trauben waren sehr faul und gänzlich zusammengeschrumpft, so daß man viel hängen lassen mußte. Ein Nürnberger Weinhändler kaufte viele Trauben, die ganz vertrocknet waren und außerdem hängen geblieben wären, zusammen. Die Quantität war sehr verschieden. Manche Weinbergsbesitzer bekamen sehr viel Most. Der Preis: 15–18 fl.[5] Ist ein sehr guter Wein gewachsen.[4] Gut und ziemlich.[6] Sehr gut in Quantität und Qualität.[2] ⌀ 20,34 hl/ha, heißer Sommer, sehr guter Wein.[11]

1860 Der Weinstock ist zurückgeblieben, weil gerade in der Blütezeit schlechtes Wetter einfiel. Most: 6–8 fl. Ganz geringer Traubenertrag, deshalb am Stock versteigert. (Hagelschlag und Wolkenbruch; danach viel Regen gefallen). Wein an Menge und Güte gering. 61–73 Oechsle. Am 21. Mai ½7 Uhr abends fiel ein Wolkenbruch auf dem Schwanberge und auch ein bedeutender Hagel auf Wiesenbronner und Großlangheimer Markung, der auch die Neubergsanlagen gänzlich zerstörte. Seit 1804 erinnerten sich die Leute keines solchen Hagelwetters mehr. Am 31. 8. nachmittags 4 Uhr zerschlug ein bedeutendes Kieselwetter auf der »Iphöfer Höhe«, im »Küchenmeister« und »Herd« die wenigen Trauben vollends, so daß nunmehr die ganze Markung von diesem Wetterschaden betroffen ist, und nur an den Weinbergen hart am Dorfe, dem »Mönchshöflein« und »Köhler« einige Trauben blieben. Weinlese war in diesem Jahr keine, die Leute konnten in Schürzen die wenigen Kämme mit einzelnen Beeren heimtragen, und geschah dieses in den letzten 2 Tagen vor Allerheiligen. Die Pfarrweinberge ergaben keine 15 Trauben und wurden nicht abgelesen.[5] Viel Regenwetter, der Wein war reichlich, aber nicht gut.[4] Sauer, nicht viel.[6] ⌀ 19,61 hl/ha, viel, aber sauer; kalter, nasser Sommer und Herbst.[11]

1861 Der Wein wurde noch gut, viel besser als der vorjährige, aber nur ⅓ Ertrag, im Durchschnitt 3 Eimer per Mg. Most: 12–15 fl. je Eimer. Qualität gut, Menge freilich gering, je Mg nicht einmal 1 Eimer, 85–88 Oechsle. Guter Wein, sehr wenig. 1 Eimer kostete 13 fl., 63 bis 87 Oechsle. Es gab im ganzen wenig Most. Preis zwischen 16 und 15 fl.[5] Gut, aber nicht viel.[4] Mittelmäßig, nicht viel.[6] ⌀ 12,53 hl/ha, sehr guter Jahrgang.[11]

1862 Wein mehr als im vorigen Jahr und besser. Most: 12–15 fl. Unser Herbst ging zur Zufriedenheit sämtlicher Produzenten, man darf sagen, glänzend zu Ende. Die Quantität ging über alle Erwartung und die Qualität reiht sich den besten Vorjahren würdig an. Die Kauflust war jedoch, da meist stürmische Witterung den Herbst begleitete, eine etwas flaue; wird jedoch um so größer werden, sobald der edle Stoff seinen Vergärungsprozeß bestanden haben wird. Die Butte wurde zu 25 fl., in besseren Lagen mit ca. 26–28 fl. erstanden. Das Ergebnis auf der Waage war zwischen 85–95 Grad nach Oechsle. Nicht viel, aber sehr guter Wein. 1 Eimer = 13 fl., 68–88 Oechsle. Im ganzen ein sehr guter Ertrag der Weinberge. In Iphofen gab es seit Mannsgedenken nicht soviel Most als in diesem Jahr. Der Preis im Herbst zwischen 15–17 fl.[5] Sehr guter Most.[4] Gut und ziemlich.[6] ⌀ 19,46 hl/ha, gesegnetes Jahr, viel und sehr gut.[11]

1863 Wein ebenfalls viel, aber in Qualität nur ein mittelmäßiger. 1 Eimer 6–7 fl. 24.10.: Aussicht an Wein sehr erfreulich, da es einen sehr guten Herbst verspricht. Viele faule Beeren, 63–78 Oechsle. Die Weinberge hingen außerordentlich voll, nur schade, daß der Most bezüglich seiner Güte hinter den Erwartungen zurückblieb. 1 Eimer kostete bis Dez. 7–9 fl.[5] ⌀ 23,92 hl/ha, sehr geringer Wein.[11]

1864 Ein Wein-Mißjahr. Ich habe meinen Taglöhnern meinen Ertrag von 2 Mg. überlassen; das Einsammeln würde mir mehr Kosten gemacht haben, als der Ertrag gebracht hätte. 1 Eimer = 5–6 fl., obgleich er sehr gering ist. Wenig und schlechter Most meistens erfroren. 45–68 Oechsle. Am 5.10. Weinberge gänzlich erfroren, so daß eine eigentliche Weinlese nicht stattfand. Manche lasen in der Woche vor Allerheiligen doch die erfrorenen Trauben ab, um sog. Trinkwein zu keltern. In einigen Lagen gab es einzelne grüne Trauben und von diesen wurde der Eimer Most mit 5–6 fl. bezahlt. (Aber nur etliche Eimer auf der ganzen Weinmarkung.)[5] Sehr schlechtes Weinjahr.[4] ⌀ 7,18 hl/ha, geringer Wein.[11]

1865 Wein sehr gut, aber per Mg nur 2–3 Eimer Ertrag. 1 Eimer = 15–18 fl. Herbst- und Frühjahrsfröste verursachten starke Schäden an den Weinstöcken, daher nur geringer Ertrag; je Mg 2 Eimer. Weinstöcke im Frühjahr erfroren und sehr wenig Ertrag, 86–92 Oechsle. Weinlese am 9.10 bei prachtvollstem Sommerwetter. Der Preis zwischen 20–25 fl.[5] Von 1865 bis 1868 gab es die besten Weine des ganzen Jahrhunderts.[4] Der Ertrag von 1865 kann als ausgezeichnet, aber wenig bezeichnet werden.[2] ⌀ 11,37 hl/ha, langer Winter, aber heißer Sommer, Hauptwein, Jahrhundertwein.[11]

Gedenksäule am Steinweinpfad in Würzburg. Erstellt von den drei Traditionsweingütern Würzburgs in Verbindung mit der Teilnehmergemeinschaft Weinbergsbereinigung Würzburger Stein.
Geschaffen von Lothar Forster, Würzburg.

1975
VIEL UND GUTER
WEIN

1976
JAHRHUNDERT
WEIN

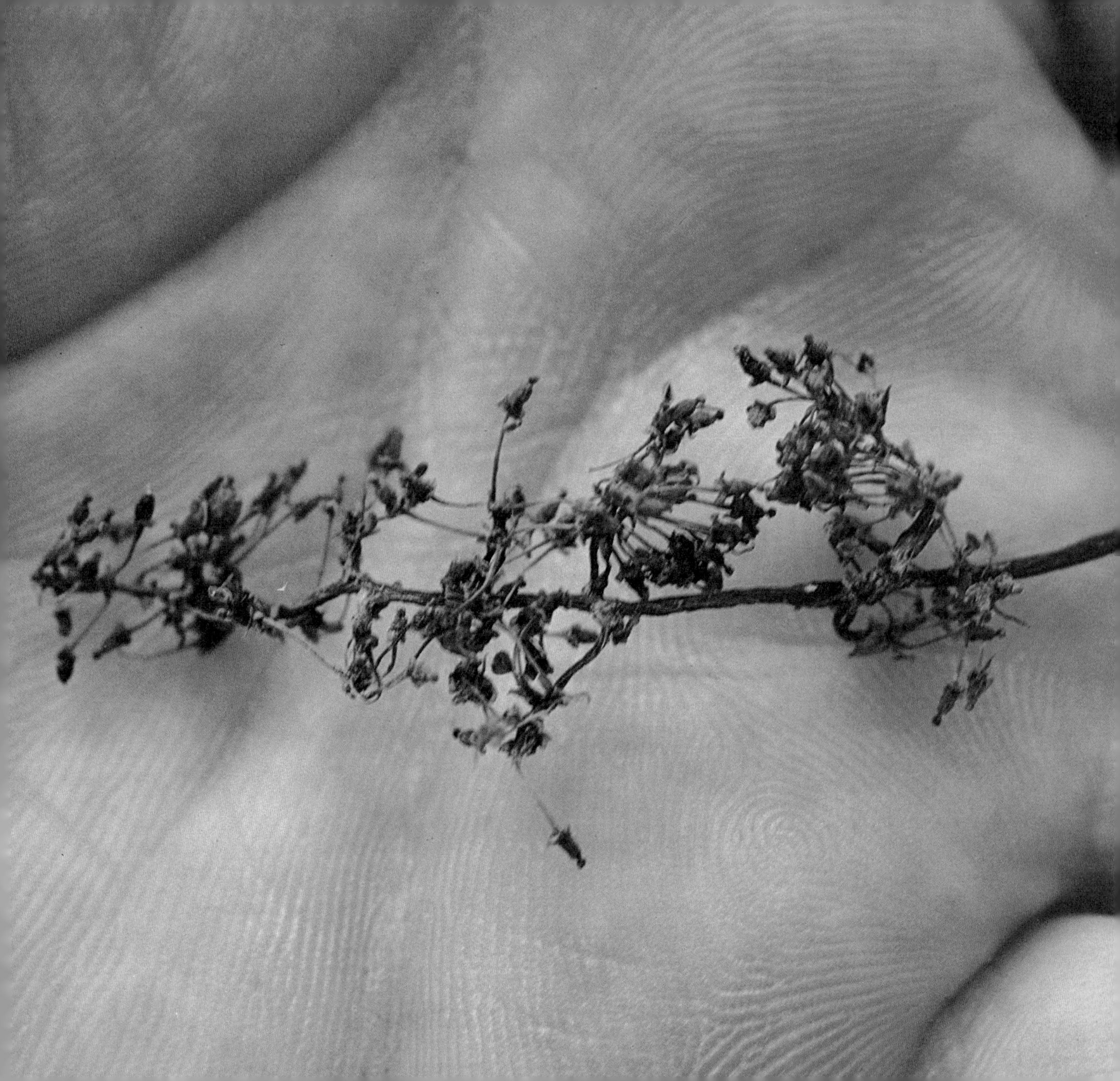

1866 Wein ziemlich und noch gut. 1 Eimer = 10–12 fl. Halbe Ernte, 63–76 Oechsle. Weinlese am 29. Okt. Ende Sept. fingen die Trauben erst an zu weichen. Sie zeitigten doch noch leidlich, so daß ein dem 1863er ähnlicher Wein erzielt wurde. 1 Eimer anfangs 16 fl., später 13 und 11 fl.[5] ⌀ 12,34 hl/ha, geringer Wein.[11]

1867 Wein wenig und gering. Preis: 7–8 fl. je Eimer, 60–68 Oechsle. Weinlese am 4. Nov. 1 Eimer anfangs 14½ fl.[5] ⌀ 11,82 hl/ha, nasses Jahr, mittelmäßiger Wein.[11]

1868 Wein viel und gut. An Weinlese Segen so groß, daß sichs kein Mensch denken konnte, auch an Güte sehr gut. 1 Eimer Most: 9–10 fl. Da haben sich viele Leute wieder helfen können. Gott sei dafür gedankt. Volle Ernte, 69–85 Oechsle. Weinlese am 12. Okt. Sehr guter Wein, der dem 1865er gleichkam. 1 Eimer 14–16 fl. Ausgezeichnet und sehr viel.[2] ⌀ 25,85 hl/ha, frühes Jahr, heißer Sommer, sehr viel und gut.[11]

1869 Mittelernte, 71–82 Oechsle. 1 Eimer bei der Lese: 8 fl. Weinlese am 25. Oktober. 1 Eimer = 12–13 fl.[5] Geringer Wein[4] ⌀ 12,35 hl/ha, mittelmäßiger Wein.[11]

1870 Kleine Ernte. 60–80 Oechsle. 1 Eimer = 7 fl. Weinlese am 24. Okt. Guter Ertrag, aber schlechte Qualität. 1 Eimer = 6–7 fl.[5] ⌀ 18,06 hl/ha, mittelmäßiger Wein.[11]

1871 Kälteschaden, geringer Jahrgang.[5] Wein wenig und gering.[4] Winterfrostschäden, geringer Wein. ⌀ 7,62 hl/ha.[11]

1872 Mittelmäßig.[2] Fehljahr, fast nichts geerntet.[5] Guter Wein.[4] ⌀ 10,96 hl/ha, Winterfrostschäden, geringer Wein.[11]

1873 Frühjahrsfröste, sehr wenig.[5] Guter Wein.[4] ⌀ 7,81 hl/ha, Frühjahrsfrost, mittelmäßiger Wein.[11]

1874 Viel und gut.[5] Erfroren an Michaeli die Trauben an den Rebstöcken.[4] Mittelmäßig.[2] ⌀ 17,45 hl/ha, guter Wein.[11]

1875 Günstige Witterung, gute Ernte.[5] Sind die ungedeckten Weinberge erfroren; es gab guten Wein.[4] ⌀ 31,76 hl/ha, reichlich und gut.[11] Gründung des Fränkischen Weinbauvereins.

1876 Hat es guten Wein gegeben.[4] Mäßiger Ertrag, aber gut.[5] ⌀ 9,93 hl/ha, geringer Herbst, guter Wein.[11]

1877 Im Herbst Frost, große Ernte, Qualität mäßig.[5] ⌀ 16,9 hl/ha, genug aber schlecht, war ein Regenjahr.[11]

1878 Nasses Jahr, wenig und geringer Most.[5] Mittelmäßig.[2] ⌀ 30,0 hl/ha.[11]

1879 Kalter Sommer, schlechte Ernte.[5] Sind die ungedeckten Weinberge erfroren.[4] ⌀ 11,3 hl/ha, schlechtes Jahr, Winterfrost.[11]

1880 Kälteschaden, wenig, aber gut.[5] ⌀ 2,8 hl/ha, Mißjahr, kein Ertrag, von Winterfrost hart betroffen.[11] Am 15. März starb der Weinbaufachmann Sebastian Englerth in Randersacker.

1881 Mittelmäßig, nicht viel.[5] Mittelmäßig.[2] Hat es guten Wein gegeben.[4] ⌀ 13,5 hl/ha, Win-

---

Während der Rebblüte abgestorbenes Gescheine. Bei ungünstiger Witterung und starkem Wuchs der Reben werden ganze Gescheine vom Stock »abgestoßen«

terkälteschäden, geringer Ertrag, aber guter Wein.¹¹

1882 Kalt, naß, schlechte Ernte.⁵ Viel und gering.² War ein sehr später Herbst mit geringer Qualität und wenig.⁴ ⌀ 22,5 hl/ha, Ertrag war gut, aber saurer Jahrgang.¹¹

1883 Mittelmäßig, viel.⁵ Hat es wenig Wein gegeben.⁴ Das Jahr 1883 schien ein Säcularjahr werden zu wollen. Einer Notiz aus Trier entnehme ich folgendes: »Seit dem 14. Jahrhundert hat sich in den Weingegenden die Tradition erhalten, daß alle 83er Jahrgänge sehr gut gewesen sind. Die alten Chroniken berichten. 1383 auf einen milden Winter folgte ein vortreffliches Weinjahr. 1483 reichlich und gut. 1583 sehr viel und gut. Wegen Überfluß an Wein war Mangel an Fässern, und hat man viel Wein in Bütten einschlagen müssen. 1683 viel und guter Wein. 1783 ausgezeichneter Wein, der beste des Jahrhunderts! Hoffentlich wird nun auch das 19. Jahrhundert keine Ausnahme machen und das Jahr 1883 ein hochgesegnetes sein«, welcher Erwartung dasselbe nicht völlig entsprochen hat.² ⌀ 24,8 hl/ha, mittlere Ernte, guter Wein.¹¹ Bis 1883 rechnete in Randersacker man nach Eimer, der etwa 75 Liter faßte.¹¹

1884 Wenig, aber gut.⁵ Hat es Wein gegeben.⁴ ⌀ 33,1 hl/ha. Guter Ertrag, guter Wein.¹¹

1885 Mittlere Qualität, wenig.⁵ Hat es Wein gegeben.⁴ ⌀ 20 hl/ha, Ertrag mittel, fast sehr guter Wein.¹¹

1886 Kalte Wintermonate, sehr gut, aber sehr wenig.⁵ Hat es sehr guten Wein gegeben.⁴ ⌀ 7,1 hl/ha, sehr geringer Ertrag, aber guter Wein.¹¹

1887 Mäßige Qualität, nicht viel.⁵ Hat es Wein gegeben.⁴ ⌀ 21,2 hl/ha, Ertrag mittel, guter Wein.¹¹

1888 Unreifer Jahrgang.⁵ ⌀ 11,8 hl/ha, geringer Ertrag, sehr geringer Wein.¹¹

1889 Mittelmäßige Ernte.⁵ ⌀ 16,5 hl/ha.¹¹

1890 Sehr gute Ernte, mittelmäßige Qualität.⁵ ⌀ 18,8 hl/ha. In diesem Jahr begann die Peronospora in ausgedehnterem Grade ihr Vernichtungswerk in den fränkischen Weinbergen.¹¹

1891 Sehr kleine Ernte, mittelmäßige Qualität. Hat es keinen Wein gegeben.⁴ ⌀ 1,4 hl/ha, sehr geringer Ertrag, Todesstoß durch den kalten Winter, der Boden war über einen Meter tief gefroren, geringer Wein.¹¹

Herbst 1891: Ernst Gebhardt, Wein & Spirituosenhandlung, Essigfabrik Sommerhausen bei Würzburg: »Bedaure sehr, daß ich Ihnen von den diesjährigen Trauben keine zum Versuchen senden kann, da die Qualität und Quantität so schlecht ausfällt, wie es in 100 Jahren nicht der Fall war. Die Folge davon ist, daß die Weine rapid in die Höhe gehen und wir weitere Steigerungen erwarten müssen. Durch mein großes Lager kann ich Ihnen wie bisher garantiert reine Natur-Weine liefern und werde die Preise nur mit einem kleinen Aufschlag erhöhen. Wollen wir hoffen, daß der 92er Herbst so ausfallen möge, wie die diesjährige Getreide-Ernte, damit der Weinbergsbauer auch wieder einmal zu seinen Kosten kommt.«

1892 Gut und ziemlich viel.⁵ Hat es guten Wein gegeben.⁴ ⌀ 4,3 hl/ha, sehr geringer Ertrag. Nachwirkung der schweren Frostkatastrophe 1891.¹¹

1893 Heiß und trocken, viel Edelfäule, ausgezeichnete Qualität.⁵ Es gab wenig, aber sehr guten Wein.⁴ ⌀ 14 hl/ha, Lese am 4. 10., Qualität sehr gut. Ertrag gering. Nachwirkung der Frostschäden. Jeden Tag warmer Regen.¹¹

1894 Naß, viel Rohfäule, wenig und nicht gut.⁵ Hat es geringen Wein gegeben.⁴ ⌀ 22,3 hl/ha, guter Ertrag, Qualität gering. Der an Feuchtigkeit und Regen reiche Sommer brachte die Peronospora zu einer mächtigen Entwicklung. Lese am 4. Okober bei beständigem Regenwetter; es gab viele unreife Beeren.¹¹

1895 Mittelmäßig und gut.⁵ War ein guter Herbst.⁴ ⌀ 16,8 hl/ha, guter Wein. Der Herbst begann am 14. Oktober bei regnerischem Wetter und starkem Gewitter. Qualität sehr vorzüglich, Menge gering. Da sehr viele Käufer (besonders Juden) kamen, war in wenigen Tagen alles ausverkauft.¹¹

1896 Guter Ertrag. Mittelqualität.⁵ Etwas geringer Wein.⁴ ⌀ 35,4 hl/ha, großer Ertrag. Wein gering. Lese ab 2. November.¹¹

1897 Gut, aber wenig.⁵ Hat es guten Wein gegeben.⁴ ⌀ 19 hl/ha, Herbstbeginn am 18. Oktober. Das Wetter war prachtvoll. Die Temperatur 25° Wärme, so daß die Beeren sofort in Gärung übergingen. Solche, die drei Tage stehen blieben waren schon halb vergoren und liefen als Federweißer von der Kelter.¹¹

1898 Viel Traubenkrankheit, wenig und mittlere Qualität.⁵ Hat es keine Trauben gegeben.⁴ ⌀ 3,2 hl/ha, großer Ausfall. Der Herbst begann am 2. Nov. bei schönem Wetter. Leider gab es infolge der Peronospora so wenig, daß in einigen Tagen alles vorüber war. Während die nicht gespritzten Reben von Peronospora befallen waren und ihre Blätter bald verloren, litten die rechtzeitig gespritzten Rebstöcke nicht durch die Blattfallkrankheit.¹¹

1899 Wie im Vorjahr.⁵ Hat es eine geringe Ernte gegeben.⁴ ⌀ 8 hl/ha, geringer Herbst. Lesebeginn 23. Oktober bei −1 bis 2 Grad C. Es gab sehr wenig, im Grunde so viel wie garnichts.¹¹

Aufzeichnungen von Wilhelm Meuschel jr. Weingutsbesitzer, Kitzingen: »Franken hat gute, gesunde Tischweine, welche bei rationeller Behandlung alle Beachtung verdienen; der beste Beweis ist der stets steigende Absatz nach allen Ländern, und während früher ein sehr großer Teil unseres Produktes nach dem Rheinland und der Mosel wanderte, hat sich der fränkische Handel in letzter Zeit solch sichere Absatzgebiete verschafft, dass er im stande ist, das Gewächs des Frankenlandes – und es ist ein grosses Quantum – selbst als solches auf den Markt zu bringen. Besonders beweiskräftig für die Wahrheit des Gesagten ist das Jahr 1899. Im Anfang viel versprechend, wurden die Hoffnungen der Winzer durch die schlechte Blütenperiode bedeutend herabgestimmt; doch ging die Blüte so leidlich vorüber und die

Hitze, welche wir im Sommer hatten, förderte das Wachstum derartig, daß sich die Gesichter der Weinbauern immer mehr aufheiterten. Freilich, der Herbst veranlasste manch bedenkliches Kopfschütteln und waren die Ansichten der Händler bis zuletzt geteilt. Als aber die Ernte begann und durchschnittlich bei ¼–⅓ einzeln ½ Ertrag 70–80, ja sogar bis 90° Oechsle von den Kufen gewogen wurden, entwickelte sich ein grosses Geschäft. Jeder war der Meinung nichts mehr zu bekommen und dabei wurden die höchstgespanntesten Erwartungen der Winzer übertroffen; in wenigen Tagen war der allergrösste Teil der 1899er Weinernte aufgekauft. Was noch liegt, wurde teils wegen ungenügender Qualität, teils wegen überspannter Forderungen nicht genommen. Es gibt viele Dörfer, welche 800–1000 Hcto. und mehr ernteten und wo 14 Tage nach der Lese keine 10 Hcto. mehr verkäuflich waren. Ich musste selbstverständlich, da ich ein grösseres Quantum einlegen wollte, rasch zugreifen, denn bei ohnehin theuren Jahrgängen kommt es auf 50–100 Mark per Fuder nicht an, wenn man sich vom Besten das Beste aussuchen will.

Eine viel umworbene Parthie war die aus der Gräfl. Castell'schen Kellerei zu Castell und gelang es mir, infolge freundlichen Entgegenkommens seitens des Herrn Beamten die ganze Ernte zu kaufen. Dieser Wein soll mit grösster Sorgfalt ausgebaut werden und freue ich mich, meinen verehrten Abnehmern in 3–4 Jahren davon vorsetzen zu dürfen. – Ähnliche Verhältnisse wie in Franken waren auch an der Mosel und wurden Preise erzielt, wie noch nie so lange an der Mosel Reben wachsen, bis 62 M. pro 100 Pfd. Traubenmaische. – Das besagt Alles.«

1900 Schlechtes Frühjahr, wenig, aber gut.[5] Wenig, aber gute Trauben.[4] ⌀ 22,9 hl/ha, Beginn der Lese am 18. Oktober. In ungespritzten Weinbergen wogen die Beeren nur 35–60 Grad Oechsle, während in gespritzten Weinbergen das Mostgewicht bis 110 Grad Oechsle stieg.[11]

1901 Schöner Sommer, mittelmäßige Qualität.[5] Dreiviertel Herbst bis Vollherbst. Guter bis reifer Wein. Sehr faules Lesegut. Es mußte schon am 23. September »Faules« ausgelesen werden. Hauptlese am 10. Oktober, ⌀ 19,5 hl/ha.[11]

1902 Maifröste, wenig und mittelmäßig.[5] Menge gering bis mittel. Kleiner unharmonischer Wein.[11] Sehr wenig und ganz gering. 8., 11. und 15. Mai erfroren. Herbstanfang 9. November, ⌀ 5,7 hl/ha.[11]

1903 Starke Fröste im April, viel Most, mäßige Qualität.[5] ⌀ 27 hl/ha, mittlere Ernte, hohe Öchslegrade. Lese ab 7. Oktober bei warmem Wetter und Sonnenschein. Die Trauben waren sehr faul und besonders Elbling und »Bougett« schon ganz eingetrocknet.[11] Die Peronosporabekämpfung war ortspolizeilich angeordnet.

1904 Heißer Sommer, sehr gut, reichliche Ernte.[5] War eine gute Ernte; letztes gutes Weinjahr im Saaletal bis 1960.[4] Peronospora gering, gutes Weinjahr.[8] Dreiviertel bis Vollherbst.

Großer, harmonischer Wein. Alle Voraussetzungen für ein gutes Weinjahr gegeben: keine Winter- und Spätfröste, gute Blüte. Nur war es an manchen Orten etwas zu trocken. Doch brachte der Frost in der Nacht vom 10. auf 11. Okt. das Laub zum Absterben und machte die Lese notwendig.[11]

1905 Wenig aber gut.[5] Halbe Ernte.[8] Günstiges Sommerwetter, doch von Mitte Oktober an täglich Regen. Deshalb rasche, starke Fäule; Menge befriedigend. Qualität gering bis mittelgut. ⌀ 26,8 hl/ha, Holz gesund und gut ausgereift. Guter Austrieb, viele Gescheine aber Frost am 23. bis 24. Mai. Große Wärme, heftige Peronosporainfektion.[11]

1906 Starke Peronosporaschäden, geringe Ernte.[5] Sehr starke Peronosporaschäden 1/10 bis 1/15 Ernte.[8] Da die Peronospora erstmalig an Gescheinen und Beeren auftrat und die wenigsten Winzer ihre Reben gekupfert hatten, volle Mißernte (96% Verlust!) und da der Sommer naß und kühl gewesen war, kleine zuckerarme Möste. ⌀ 1,1 hl/ha, sehr wenig und gering. Die Pest wütete unter den Reben.[11]

1907 Kalter Sommer, guter Herbst, mittelmäßig.[5] Naßkaltes Wetter, Mißjahr.[8] Kleiner Herbst, mäßige Güte; wieder trat die Peronospora stark auf. Ungespritzte Weinberge mußten gemeldet werden. Halber Herbst. Qualität mittel bis gut. ⌀ 3,4 hl/ha, kleiner Herbst, mäßige Güte, wieder starke Peronospora. Lese ab 24. Oktober.[11]

1908 Gute Qualität, mittlerer Ertrag.[5] Starke Peronosporaschäden, teilweise zufriedenstellend.[8] 1908 bis 1910: Durch zunehmend starkes Auftreten des Heu- und Sauerwurms kleine bis selten mittlere Ernten. Qualität gering bis höchstens mittel. ⌀ 11,4 hl/ha, gute Qualität, Lese ab 22. Oktober, 4 bis 6 Grad Kälte.[11]

1909 Regnerischer Sommer, Mittelqualität.[5] Spätfröste, sehr starker Heu- und Sauerwurmbefall, Mißernte.[8] ⌀ 7,8 hl/ha, geringe Ernte, geringe Güte. Herbstanfang 26. Oktober. Die Weinpreise zogen an.[11]

1910 Regnerischer Sommer und Herbst, Ernte klein.[5] Starker Oidiumbefall, starker Heu- und Sauerwurmbefall, Regenjahr, volle Mißernte.[8] ⌀ 4,8 hl/ha, kleine Ernte, recht dünne Weine.[11]

1911 Sehr gutes Wetter, ausgezeichnete Qualität, »Kometenwein«.[5] Geringe Erntemenge.[8] Gab es viel und guten Most; 1 hl kostete 50–60 Mark.[4] Heißer Sommer. Wo kein Hagelschaden Dreiviertel bis Vollherbst. Vollreife bis überreife Beeren. Großer, harmonischer Wein, die Silvanerweine allerdings säurearm und später daher rasch abfallend. ⌀ 9,6 hl/ha, heißer Sommer, wenig, aber ein großer Wein. Am 18. Sept. Vorlese wegen starken Hagelschlags. Der Hauptlesemost war sehr teuer und kostete von der Kelter weg 75 Mark/hl.[11] Vom 7. bis 11. September war der deutsche Weinbaukongreß in Würzburg.

1912 Sehr viel, aber mäßige Qualität.[5] Spätfröste, teilweise völlige Mißernte.[8] Grasser Gegensatz zu 1911. In der Nacht zum 1. Mai erfroren die jungen Triebe größtenteils. Im

Mai noch mehrere Kälterückfälle und erneute Frostschäden. Sommer kühl und naß. Am 6. Oktober erfroren die Blätter restlos bei minus 6–7 Grad C. Daher winzig kleine Ernte und völlig unreifer Most.
Bei Riesling Gesamtsäure bis 22,8‰. ⌀ 7,6 hl/ha, sehr wenig und sehr gering. Vom 3. auf 4. Februar 21 bis 22 Grad Kälte. In den Tallagen schwere Frostschäden. Günstiges Blütewetter, nasser Sommer, am 4., 5. und 6. Oktober Frühfrost bis minus 7 Grad C.[11]

1913 Kalter Sommer, wenig und gering.[5] Sehr starker Peronosporabefall, stark auch Oidium, schlechtes Wetter, volle Mißernte.[8] Rebstöcke vom Vorjahr her noch stark geschwächt. Daher nur kleine bis mittlere Ernte und kleine bis höchstens mittlere Qualität. ⌀ 1,8 hl/ha, das waren die Nachwirkungen der Frostschäden von 1912. Dazu kam ein Frühjahrsfrost vom 13. bis 16. April, dann schlechtes Wetter zur Blütezeit und ungünstige Wetterverhältnisse im Sommer. Von Juni bis August war täglich Tau oder Regen und dadurch die Peronospora sehr schädigend. Für 1 hl wurden 50 bis 75 Mark bezahlt.[11]

1914 Maifröste, geringe Qualität.[5] Starker Peronosporabefall, volle Mißernte.[8] Halber Herbst. Konsumwein. ⌀ 4,6 hl/ha wenig und von geringer Qualität. Es wurde überhaupt kein Lesetermin festgelegt. Frostschäden vom 1. auf 2. Mai, ungünstiges Blütewetter, heftige Gewitter, starker Nebel vom 10 bis 13. Juli mit nachfolgendem heftigem Auftreten der Peronospora ließen die Ernteaussichten von Tag zu Tag sinken.[11] Der Großvater des Verfassers war beim Weinbergspritzen und als er aus dem Dorf die Generalmobilmachung hörte, riß er den Zapfen aus dem Spritzfaß und ließ die Brühe laufen und fuhr heim ... – in den Krieg. Und er durfte im Urlaub die reiche Weinernte 1917 erleben und konnte es gar nicht fassen, daß die »Weiber« mit ihren Kriegsgefangenen so viel Most bekommen.

1915 Trockener, heißer Sommer, sehr gute Qualität.[5] Gutes Weinjahr.[8] Qualität sehr gut; Quantität ein halber Herbst.[4] Halber bis Dreiviertelherbst. Qualität gut, vereinzelt recht gut. ⌀ 18,6 hl/ha, mäßige Ernte, sehr gute Qualität. Die Trauben waren sehr welk und wurden erst durch einen Regen bei Lesebeginn aufgefrischt. Leider wurde häufig zu früh gelesen. Wer Disziplin bewahrte, erntete ab 4. Oktober feine Weine.[11]

1916 Naß, kleine Ernte und gering.[5] Sehr starker Peronosporabefall, auch starkes Auftreten des Oidiums, teilweise volle Mißernte.[8] Qualität und Quantität gering.[4] Infolge naßkühlen Sommers nur halber Herbst und geringe, unbefriedigende Qualität; fast nur kleine Weine. ⌀ 12,1 hl/ha, naßkalter Sommer, halber Herbst, kleiner Wein. Beginn der Lese am 23. Oktober bei sonnigem Wetter. Ertrag ließ zu wünschen übrig. Infolge des sehr schlechten Blütewetters waren viele der an sich reichlichen Gescheine abgefallen oder durchgerieselt.[11]

1917 Frühjahrsfröste, sehr gute Qualität und reichlich.[5] Gutes Weinjahr, wenig Rebkrankheiten.[8] Es war bei der Lese so heiß, daß man im Main badete. Es war ein großer Jahrgang in Menge und Güte.[4] Trauben waren außerordentlich »möstig« (hohe Saftausbeute). Hervorragend gute Wetterbedingungen. Austrieb erst Anfang Mai – Ende Mai bereits Blütebeginn. (am 1. Mai waren die Reben noch »Stockblind« – Ende Mai schon dürre Kleehaufen auf dem Felde.) Das Wetter war bei der Weinlese so schön, daß auch Säuglinge mit in die Weinberge genommen wurden. Die Aufsichtspersonen mußten wegen des Arbeitskräftemangels auch mithelfen (mündliche Familienüberlieferung). Für Franken ein Jahrhundertwein. Hervorragende Qualität. Vollherbst. ∅ 34 hl/ha, gute Wetterbedingungen, Jahrhundertwein, Lese ab 21. September, wegen der Hitze fielen die Reifen vom Lesegeschirr.[11] Der Großvater des Verfassers hatte die brühige Maische aufgeschüttet und mußte erleben, daß wegen der überaus großen Möstigkeit die Bietkufe im unbewachten Augenblick überlief.

1918 Verregneter Herbst, mittelgroße Qualität.[5] Starker Heu- und Sauerwurmbefall, ungünstiges Wetter, gute Ernte.[8] Qualität mäßig.[4] Sowohl in Menge wie in Güte eine Mittelernte. ∅ 20 hl/ha, halbe Ernte, mäßige Güte. Lese begann am 16. Oktober, aber wegen der schlimmen Grippe waren so viele Leute krank, daß vielfach später begonnen werden mußte.[11]

1919 Geringe Ernte, sauer.[5] Geringe Ernte.[8] War der Most sauer und von geringer Qualität, Lese an Allerheiligen.[4] Starkes Auftreten des Oidiums. Daher kleine Erntemenge und meist geringe Qualität. ∅ 10,2 hl/ha, Menge und Güte recht mittelmäßig. Am 20. Oktober kalter, unfreundlicher Herbstbeginn, am 2. Nov. sehr starker Schneefall.[11] Jetzt wurden schon 700 Mark/hl bezahlt.

1920 Sehr gute Qualität und viel.[5] Fröste, gute Ernte.[8] Qualität sehr gut, ein Drittelherbst.[4] Das Herbstwetter war anfangs so naß, daß fast alle Winzer vorzeitig zur Lese schritten und nur wenig säurereichen Most ernteten. Ab Mitte Oktober ständig herrlichstes warmes und sonniges Wetter. Daher gab es insbesondere bei den großen Gütern, die noch nicht alles gelesen hatten, noch große, harmonische Spitzenweine. ∅ 29,9 hl/ha, großer Herbst, Güte ganz vorzüglich. Wer nicht zu früh mit der Lese anfing erntete harmonische Spitzenweine. Die Moste kosteten zwischen 1250 und 2500 Mark/hl.[11]

1921 Hervorragender Jahrgang, hochwertige Spitzengewächse.[5] Wespenfraß, geringe Menge.[8] Ganz großer Jahrgang, in manchen Gegenden nur ein Drittelherbst.[4] Dreiviertel bis Vollherbst. Qualität meist sehr gut mit vielen Spätlesen und Auslesen. ∅ 12,9 hl/ha, kleiner Herbst, sehr gute hervorragende Weine durch Spät- und Auslesen. Abnorm warmer Winter 1920/1921, daher waren die Reben schon sehr frühzeitig im Saft und im Austrieb. Am 16. auf 17. April minus 6 Grad C und in den folgenden Nächten minus 4 bis 5

Grad. In den guten Lagen mit frühem Austrieb sehr großer Schaden. Am schwersten geschädigt wurden Traminer und Riesling, am besten kam der Silvaner weg. Vom 5. bis 6. Mai erneut minus 2 Grad C und nochmals schwere Schäden. Schlechtes Blütewetter, häufig Gewitterregen. Juli und August trocken, daher dürre Blätter und Sonnenbrand. Sehr viele Stare. Lese ab 6. Oktober, sommerlich warm und gewitterschwül.[11]

1922 Kalter Sommer, sehr viel, aber weniger gute Qualität.[5] Geringe Ernte.[8] War ein Glücksjahr für den Winzer, der gedeckt hatte.[4] 1922 bis 1924 Ernteverluste entweder durch Winter- oder Spätfröste. Daher nur kleine bis mittlere Ernten. Meist nur Konsumweine. ⌀ 15,9 hl/ha, kalter Januar, dann mild und Temperatursturz von plus 10 Grad C auf minus 10 Grad C. Schnee, Rauhreif oder Eiskrusten an den Reben. 5. Febr. minus 25 Grad C und erhebliche Frostschäden, besonders in den Tallagen. Vom Kopf her dann im Frühjahr starker Austrieb. Starke Gewitterregen. Peronospora spät, aber heftig. Lesebeginn am 23. Oktober bei 0 Grad C. Nach einigen Tagen minus 2 Grad C.[11]

1923 Wenig Fruchtansatz, geringe Ernte.[5] Spätfröste, schlechte Ernte.[8] Qualität mittelmäßig, ein halber Herbst.[4] ⌀ 5,3 hl/ha, kleiner Herbst. Am 3. und 4. April minus 3 Grad C und Schäden, obwohl die Augen noch in der Wolle waren. Am 25. April erneut minus 2,5 Grad C und empfindliche Schäden besonders in den Tallagen. Am 19. Mai nochmals Frostschäden. Naßkaltes Blütewetter, starkes Durchrieseln, nasser Herbst, unreifes, grünfaules Lesegut. Am 26. September Lesebeginn.[11]

1924 Viel, aber mäßige Qualität.[5] Starke Fröste, Mißernte.[8] Mittelmäßiger Herbst.[4] ⌀ 9 hl/ha, kleiner Herbst. Die Weinberge hatten noch unter den Nachwirkungen der Fröste von 1923 zu leiden. Zu 25 cm Schnee kam am 31. Dezember eine Kältewelle von minus 27 Grad C. Günstig waren die gedeckten Weinberge, aber sonst waren 80 bis 90% der Augen tot, allerdings waren die untersten Augen durch den Schnee geschützt. Am schlimmsten waren die Tallagen geschädigt. Blütewetter war günstig, aber der Sommer war trüb und sonnenscheinarm. Lese am 16. Oktober. Der Main fror Ende Dezember zu und ging erst Ende Februar wieder auf.[11]

1925 Gering.[5] Nasser Sommer, halbe Ernte.[8] Mittelmäßiger Herbst.[4] Keine Winter- und Spätfrostschäden. Anfang Mai rascher Austrieb. Der Gescheinsansatz war sehr gut, so daß die Aussichten auf einen Vollherbst gegeben waren. Die Blüte erlitt jedoch durch Kälteeinbruch Mitte Juni eine erhebliche Verzögerung bis zu drei Wochen. Es gab große Verrieselungsschäden und sehr unterschiedliche Beerengrößen (genau wie 1980). Dann kam noch Sauerfäule, so daß in der 2. bis 3. Oktoberwoche ein guter halber Herbst (ca. 7 Hektoliter pro Morgen) eingebracht wurde. Man war jedoch in den meisten Orten mit Qualität und Quantität zufrieden (Landwirtschaftsrat Blümm im Fränk. Kurier Nov. 1925). 1925 liegt die fränkische Ernte über den Erträgen der Pfalz (eine Seltenheit). Gute bis reichliche Ernte. Weine vielfach schwer zu behandeln.[11]

1926 Frühjahrsfröste, regnerischer Herbst, sehr wenig.[5] Spätfröste, sehr starker Peronosporabefall, volle Mißernte.[8] War für den Weinbau ein Mißjahr; am 10. Mai erfroren die Reben.[4] Die Ernte Unterfrankens warf derart geringe Erträge ab, daß man im allgemeinen fast von einer völligen Mißernte sprechen muß (Würzburger General-Anzeiger vom 4. 2. 1927). 1926 bis 1928 erneut viele Frostschäden und deshalb nur ¼ bis ½ bis höchstens Dreiviertelernten. Qualität gering bis mittel. 1926 durchschnittlich 2,7 hl/ha, Mittelwein. Spätfrost, schlechtes Blütewetter. Starke Peronosporaschäden. 19. und 20. Oktober Frühfrost. Herbstwetter, dann sehr günstig, aber ein trauriger Herbst. Man organisiert Frostabwehr gegen die schädlichen Spätfröste.[11]

1927 Nasser Sommer, wenig und mäßig.[5] Am 14. Mai erfrieren die Reben.[4] In Franken trug der Morgen im Durchschnitt höchstens 2 Hektoliter (Fränk. Volksblatt v. 17. 12. 1927). ⌀ 5,1 hl/ha, durch den Frost und infolge der Peronospora war nur wenig anschnittfähiges Holz vorhanden. In gedeckten Weinbergen verschimmelte und verfaulte das schlecht ausgereifte Holz. Nur geringer Gescheinsansatz. Am 12., 14 und 15. Mai Frost mit minus 2 Grad C. Am 28. Mai nochmals Frost bis minus 1 Grad C. Durch naßkalte Witterung verlief die Blüte schleppend. Sommer warm mit vielen Niederschlägen und starkem Auftreten der Peronospora. Am 22. Juli schwerer Hagelschlag in Randersacker.[11] Winzerkredite werden vom Staat ausgegeben, um den verarmten Winzern zu helfen.

1928 Herbstfrostschäden, mittelmäßige Qualität.[5] Am 12. Mai erfrieren die Reben.[4] Räucherwehren wurden in den weinbautreibenden Ortschaften gebildet. Der Erfolg dieser Räucherung, die in den frostgefährdeten Lagen stellenweise sehr intensiv durchgeführt wurde, blieb auch nicht aus; denn der Frühjahrschaden kann allgemein nur mit 10 bis 20 Prozent im Durchschnitt angenommen werden. Nur in einzelnen Weinbaugemarkungen, in denen teilweise die Räucherung zu spät erfolgte oder in Weinbergslagen, die durch die Räucherung nicht zu schützen waren, hatten die Weinberge bis zu 80 und 100 Prozent unter Frost zu leiden. Die Räucherung selbst erfolgte in den gefährdetsten Lagen an fünf Tagen mit einer durchschnittlichen Räucherzeit von sechs Stunden! Als Räuchermaterial wurde fast allgemein Gasteer zur Anwendung gebracht. Blüte vom 25. Juni bis 7. Juli; sehr guter Verlauf. Hagel in Randersacker, Rödelsee und Iphofen.[10] ⌀ 12 hl/ha, geringer Herbst, schöner Wein. Am 11. und 12. Mai minus 1 bis 4 Grad C.[11]

1929 Große Winterfrostschäden, heißer Sommer, mittelmäßiger Ertrag, aber gut.[5] War ein geringer Herbst.[4] Ab 16. Dez. 1928 bis 4. März 1929 mit nur ganz kurzen Unterbrechungen sehr strenge Kälte (29. Jan. minus 28 Grad C.) 12. Febr. minus 28° C und selbst noch am 4. März minus 16° C). Der Boden war bis zu einer Tiefe von 1,20 Meter gefroren. Die Rebwurzeln erfroren teilweise. Warmer April und Mai (am 21. Mai wurden in Escherndorf 45 Grad C und am 25. Mai sogar 48 Grad C in der Sonne gemessen. Am 27. Juni sank das Thermometer auf plus 5 Grad C. Am 21. Juni standen die Weinberge nach verzögertem Blütebeginn in voller Blüte, nachdem die Temperaturen aber stark zurückgingen, verrieselten die Gescheine stark. Im Gegensatz zum schlechten Mengenergebnis steht die gute Qualität. Das Mostgewicht lag zwischen 73 und 100 Grad Öchsle. Auslesen des Juliusspitals wogen 136 und 142 Grad Öchsle.[10] Reifer Jahrgang, vielfach mit Qualitätsweinen. Aber Erntemenge höchstens mittel, oft klein bis unbefriedigend.[11]

1930 Große Quantität mittlerer Güte.[5] Die Winzer, welche richtig gespritzt hatten, bekamen einen Vollherbst.[4] Ein köstliches Getränk (Direktor Urban Schwappach). Vorzügliche Holzausreife, günstige Blüte. Glücks- oder neidischer Herbst wegen Peronospora und Hagelschäden. Den reichsten und gleichmäßigsten Behang hatten die Weinberge am Steigerwald. Nicht selten wurde in den dortigen Weinbergen ein voller bis doppelter Herbst erzielt. 1930 bis 1932: Kleinere bis mittlere Jahrgänge betr. Qualität. Mengenmäßig unbefriedigend bis halber Herbst. ∅ 27 hl/ha, schöner Mittelwein. Schneller Verlauf der Rebblüte. Peronospora trat epedemieartig auf, trotz eifriger Bekämpfung ging ein erheblicher Teil der Ernte verloren.[11]

1931 Nasser Sommer, mittlere Güte, reichlich.[5] Quantität gut, Qualität entsprechend. 100 Liter Most kosten 26 bis 35 Mark.[4] Am 11. Februar fassen die Untermainwinzer in Klingenberg eine Resolution gegen Reblausgefahr und Hybridenanbau. ∅ 35 hl/ha, guter Ertrag, Güte mittel. Milder Winter, später Austrieb, kein Spätfrost, gutes Blütewetter, aber naßkalter Juli bis September. Der erste Frühfrost schon am 24. Sept. Lesebeginn am 22. Oktober bei minus 2 Grad C – es war kein Laub mehr an den Stöcken. Im Sommer starkes Auftreten der Roten Spinne.[11]

1932 Gut, aber wenig.[5] Mittlere Qualität, Dreiviertelherbst.[4] Auf den Morgen (20 Ar) wurden im Durchschnitt 5 Hektoliter Most mit 75 Grad Öchsle geerntet. Guter, reifer Jahrgang. In einer Ausschußsitzung des Fränkischen Weinbauvereins wird eine Resolution verfaßt, die sich gegen den Hybridenweinbau wendet. Die Restbestände des 1931er Weines werden zum Preis von 45 bis 60 Mark pro Hektoliter verkauft.[10] ∅ 22,0 hl/ha, Ertrag gut, Güte mittel. Schlecht ausgereiftes Holz wird durch die Frühfröste 1931 durch krasse Temperaturstürze sehr geschädigt. Sehr warmer Sommer, am 19. August hat es in Würzburg 34 Grad C im Schatten. Seit 1868 gab es keinen so heißen August mehr.[11]

1933 Ausgezeichneter Jahrgang.[5] Halber Herbst, sehr gute Qualität.[4] Ansprechender Mittelwein. Mengenmäßig ¾ bis Vollherbst. ⌀ 12,0 hl/ha, kleiner Ertrag, Mittelwein. Das Holz konnte 1932 gut ausreifen und kam ohne Frostschaden durch den Winter. Der Winter war niederschlagsarm und fast schneefrei. März und April kühl und trocken, aber ab 13. April mehrere Kaltlufteinbrüche, die in mehreren Wellen bis Ende April anhalten. Es kam zu Augenschäden in der Wolle. Der kühle Mai hemmte den Austrieb der Beiaugen. Der kühle und nasse Juni ließ während der Blütezeit die Gescheine stark durchrieseln, auch trockneten ganze Gescheine ein und wurden abgeworfen (wie auch 1980). Schöne Sommer- und Herbstmonate mit Tau und nebelreichen Tagen. Ende Oktober Regen und am 9. und 10. Oktober Frost bis minus 4 Grad C.[11]

1934 Sonniges Jahr, sehr gut und viel.[5] Großer, reifer Jahrgang, viele Spät- und Auslesen. Auch mengenmäßig gut bis recht gut. ⌀ 25 hl/ha, großer, reifer Jahrgang mit feinen Spitzenweinen. Die besten Lagen leiden unter Trockenheit, hier sind die Beeren lang nicht so gut entwickelt wie in den Mittellagen. Durch den trockenen, heißen Sommer war der Wasserstand des Maines so nieder, daß die Schiffahrt eingestellt werden mußte. Herbstwetter sehr heiß, am 29. September plus 26 Grad im Schatten. Die Lese begann am 24. September und schon am 10. September war der Müller-Thurgau gelesen worden.[11] Der Verfasser badete mit den Buttenträgern bei der Weinlese im Main.

1935 Gut und viel.[5] Die Mostgewichte lagen nach einer Aufstellung durchweg zwischen 70 und 85 Grad Öchsle (Mitteilung der Landwirtschaftl. Kreis-Versuchsstation Würzburg). Dem 1934er ähnlich was Menge und Güte betrifft, wenn auch nicht ganz so viele Spitzenweine erzielt wurden. ⌀ 32 hl/ha, mittlere Ernte, wieder ein guter Wein. Ein spätes Frühjahr, aber leider am 2., 14. und 20. Mai Frostschäden. Es war ein überaus heißer Sommer und es regnete 7 Wochen nicht. Auf dem Randersackerer Winzerfest kostete der Schoppen 25 Pfennige.[11]

1936 Reichliche Ernte, aber weniger gut.[5] Seit 1912 der kleinste und unreifste Jahrgang mit nur kleinen, säurereichen Mösten. Menge befriedigend.[11] In diesem Jahr trank die Großmutter des Verfassers den 36er nur aus der Kaffeetasse, damit sie wegen der grausamen Säure dem Wein Zucker einrühren konnte. In diesem Jahr wurde in einigen fränkischen Genossenschaften der Most erstmalig »gallisiert« (naßgezuckert). ⌀ 40 hl/ha, Winter sehr mild und reich an Niederschlägen. Frühling wechselvoll. März warm und trocken. April sehr naß. Sommer kühl und regnerisch. Der Juni war so unfreundlich und kühl, daß in den Wohnungen geheizt werden mußte. Am 30. September der erste Reif, am 3. Oktober der erste Frost. Da alles Laub weg war, hatte es keinen Zweck mit der Lese zu warten. Es gab sehr viel, aber nur von geringer Güte.[11]

1937 Vorzügliche Qualität.[5] Frühfrost im Oktober 1936 führte teilweise zu Augenschäden. In der zweiten Monatswoche des Juni blühten die Reben; der Ansatz war gut. Ende August gab es schon weiche Trauben. Anfangs Oktober wurde gelesen. Die Trauben waren zwar vollreif, aber es konnten keine Trockenbeerenauslesen geerntet werden, da keine Edelfäule auftrat. Der Jahrgang ist unter den besten Voraussetzungen gewachsen.[10] Es war ein reifer, vollmundiger Wein, dessen Öligkeit und Vornehmheit der Verfasser 1943 zum Abschluß der Abstricharbeiten in der Winzergenossenschaft Sommerach genießen durfte; dieser Wein ist ihm heute noch in bester Erinnerung; er stand wie das »geschlagene Gold« im Glase. Halber bis Dreiviertelherbst. Reife harmonische Weine. ⌀ 30 hl/ha, reife, harmonische Weine. Winter warm und mild, niederschlagsreich, nur geringer Schnee. Auch das Frühjahr war regnerisch. Der Rebschnitt zeigte, daß es durch den Frühfrost 1936 viel unausgereiftes Holz gab. Günstiges Blütewetter, Sommer warm und trocken und reich an Sonnenschein. Sonnenbrand und Trockenheitsschäden. Viel Heu- und Sauerwurm. Günstiges Erntewetter. Sehr gesundes Lesegut.[11]

1938 Gute Ernte, mittlere Güte, dabei vorzügliche Spitzenweine.[5] Dreiviertelherbst. Elegante, süffige Weine, freilich nur wenig Spitzen. ⌀ 23,5 hl/ha. Der Main war im Januar zugefroren. März verhältnismäßig warm. April ziemlich kalt mit Regenschauern und Schneestürmen. Spätfrostschäden. Sommer günstig, Herbst ziemlich trocken.[11]

1939 Mittelmäßig.[5] Mittelgroße Ernte. Qualität meist mittelgut. ⌀ 27,8 hl/ha, mittlere Ernte von mittlerer Güte. Sehr kalter Winter – bis minus 20 Grad; trockene Kälte. Main war zugefroren. Rauhreif. Am 28. September der erste Reif. Am 19. Oktober Beginn der Lese.[11]

1940 Reiche Ernte, mittelmäßige Qualität.[5] Schwere Winterfrostschäden durch sibirische Kälte im Januar und Februar. Daher nur geringe Erntemenge und kleine Weine. ⌀ 6 hl/ha. Der strengste Winter seit Menschengedenken. Er begann am 17. Dezember mit Eis und Schnee. Der Schnee blieb bis Mitte März liegen. Kälte bis zu 32 Grad C. Alle Rebteile, die nicht unter der schützenden Schneedecke lagen, waren total erfroren. Die Stöcke mußten zurückgeschnitten werden. Das Niederziehen blieb erspart.[11]

1941 Mittelmäßig.[5] 1941 und 1942 im Durchschnitt halbe Herbste und mittelgute Weine, auch viele kleine Weine. Die Trauben wurden nicht richtig reif, denn Frühfrost und Schneefall hatten das Laub zerstört. Deutsche Soldaten helfen bei der unwirtlichen Witterung die Trauben zu bergen. Es gibt noch einmal Zucker zur Naßverbesserung der Moste. ⌀ 23,5 hl/ha, langer Winter mit viel Schnee und Regen. Es war fünfmal Hochwasser. Am 11. Oktober Lese der Müller-Thurgau-Trauben und am 20. Oktober allgemeine Weinlese. Am 3. November 20 cm Schnee, der lange liegen blieb. Vor der Lese mußten die Trauben erst vom

76

Schnee abgekehrt werden.[11] Die Mädchen und Burschen machten bei der Weinlese Schneeballschlachten.

1942 Mittlere Güte.[5] ⌀ 6 hl/ha, mittlere Weine. Wieder sehr harter, strenger Winter. Schon Ende Oktober Ostwindwetterlage und Frosteinbruch. Januar brachte bei minus 25 Grad C ohne Schnee die gefürchteten Kahlfröste. Vom 17. Januar bis 26. Februar war der Main zugefroren. Ab 25. Januar sehr viel Schnee. Im Februar und März starke Temperaturschwankungen von plus 10 Gard C am Tage auf minus 10 Grad C in der Nacht. Dadurch wurde dem Wein- und Obstbau sowie der Landwirtschaft nochmals empfindlicher Schaden zugefügt.[11] Nur die gut gedeckten Weinberge brachten eine befriedigende Ernte. Der Verfasser hatte die Aufgabe, nach der Schule eine Zeile zu decken; dies hat er mit Sorgfalt durchgeführt und im Herbst brachte dieser Weinberg eine gute Ernte, während die anderen gedeckten Weinberge lange nicht so gut waren.

1943 Gut und reichlich.[5] Reife, harmonische Weine. Durchschnittlich Dreiviertelernte, z. T. auch Spitzenweine.[11] Wunderschöner Herbst. Feindliche Flugzeuge greifen während der Weinlese am Tag Schweinfurt an. Viele Fallschirme der abgeschossenen Flugzeugbesatzungen am Himmel. Ein aufwühlendes Herbsterlebnis; große Aufregung bei der Bevölkerung, den Kriegsgefangenen und sonstigen ausländischen Dienstverpflichteten. Nur alte Männer und junge Burschen bis 16 Jahren bedienen die Kelteranlagen (eigener Bericht des Verfassers). ⌀ 18 hl/ha, reife Weine, auch Spitzenweine. Der Winter war mild und niederschlagsarm. Es war ein baldiges Frühjahr, warm und trocken und ohne Maifrostschäden. Gute Rebenblüte. Wegen Starenplage und der Kriegsereignisse relativ frühe Lese – Mitte bis Ende September.[11]

1944 Mittelmäßige Ernte.[5] Mittlere Ernte und Mittelwein, aber auch manche kleine.[11] Die 14- und 15jährigen Buben müssen zum »Schippen« an den Westwall; die 16jährigen zum Arbeitsdienst. Nur die alten Männer, die Frauen, die Einquartierten und die ausländischen Dienstverpflichteten sowie die Kriegsgefangenen arbeiten von früh bis spät. Es ist eine traurige Zeit. Die Vermißten- und Gefallenenmeldungen bringen unbeschreibliches Leid. ⌀ 13,8 hl/ha mittlere Güte. Milder Winter, wenig Schnee. März unfreundlich und kalt. Anfangs Mai schönes Wetter, dann Temperatursturz. In den Tallagen Frostschaden. Am 4. Juli fiel endlich der erste Regen. Juli und August heiß. September kühl und naß. Am 23. Okt. begann die Weinlese.[11]

1945 Maifröste, sehr geringe Ernte durch Kriegsereignisse; Qualität sehr gut.[5] In vielen Orten Fehlernte, da im allgemeinen weder der Schnitt noch die Behandlung noch die Schädlingsbekämpfung durchgeführt werden konnten. Soweit die Arbeiten aber durch Familienarbeitskräfte termingerecht erledigt wurden und der Maifrost noch etwas übrig gelassen hatte, konnten schöne reife Trauben geerntet werden und es gab reife, füllige Weine. ⌀ 7 hl/ha.

1946 Mittlere Ernte, gut.[5] In Menge und Güte Mittelergebnis. ⌀ 10 hl/ha. März sommerliche Witterung. 20. April Kälteeinbruch und schwere Frostschäden. Blütezeit nur für die guten Lagen günstig; durch kühles Wetter rieselten die kühleren Lagen total durch. Mai viele Gewitter, Sommer feucht, die Peronospora trat sehr stark auf. Heißer Juli. Frühe Lese.[11]

1947 Reichlich und sehr gut.[5] Halber bis Dreiviertelherbst. Im allgemeinen vollreife Weine.[11] Der 1947er bekam von Ostermontag bis zur Ernte keinen Regen. Bei der Lese fielen die Reifen wegen der Hitze von den Butten. Es gab unsäglich viele Wespen. Die Trockenheit war so groß, daß die Kartoffeln in der Erde wie Feigen zusammenschrumpften. Wer den 1947er nicht zu Tauschgeschäften verwendete, konnte nach der Währungsreform im Sommer bis Herbst 1948 viel Geld verdienen; er stieg nämlich auf 500 DM pro hl. ⌀ 13 hl/ha, es werden vollreife, zum Teil schwere Weine geerntet. Kalter Winter, schon im Dezember minus 16 Grad C und ab 19. 12. war der Main zugefroren. Januar mit miuns 20 Grad C und Schäden an den Reben. Viele Augen waren schwarz. Kein Spätfrost, gutes Blütewetter für gute Lagen. Große Dürre. Viele Rinder mußten aus Futtermangel geschlachtet werden. Die Uhr war zwei Stunden vorgestellt. Die Weinberge zeigten Sonnenbrand. Infolge der Hitze gab es sogar essigstichige Weine.[11]

1948 Viel und mittlere Qualität.[5] Durchschnittlich eine halbe Ernte. Vorwiegend Konsumweine.[11] Jahr der Währungsreform.

1949 Vorzügliche Qualität, mittlerer Ertrag.[5] Wieder ein erstklassiger Jahrgang mit reifer Harmonie; viele Spitzenweine. Menge mittel bis gut.[11] In manchen Gemarkungen erntete man allerdings durch sehr späten Frühjahrsfrost, der die Triebe kurz vor der Blüte zerstörte (z. B. in Sommerach), fast nichts.
Milder Winter mit geringen Niederschlägen. Kältewellen im Januar, Februar und März. Ab Frühlingsanfang sommerliche Temperaturen und sprunghafter Entwicklung der Vegetation. Am 21. April standen die Obstbäume in vollster Blüte. Am 11. und 12. Mai Frostschaden. Kühler Juni, die Gescheine rieseln durch. Heißer Sommer und große Trockenheit. Im Juli Temperaturen von + 34 Grad C, am Tag und in der Nacht noch bis + 24 Grad C. Mangel an Futter, Gemüse, Rüben, Kartoffeln, Obst usw. Das Oidium tritt verstärkt auf. Es werden feine, fruchtige, gehaltvolle (unvergeßliche) Weine geerntet.[11] Nach dem Herbst sank der Weinpreis. Die ersten großen Verlustgeschäfte traten beim Weinhandel auf.

1950 Mittelmäßig.[5] 1950, 51 und 52 im allgemeinen halbe Ernten. Auch in Güte meist mittelmäßig, vereinzelt auch reife und elegante Weine.[11] Vorzeitiger Wintereinbruch, am 26. 10. fielen 6 cm Schnee und ab 27. 10. hielt der Frost auch tagsüber an. Die Güter waren mitten in der Lese und in den besten Lagen hingen noch alle Trauben am Stock, mitten in einer tiefen Winterlandschaft.¹¹ Anschließend besserte sich das Wetter wieder und der Hofkeller erntete noch hervorragende Riesling-Auslesen. Die Silvaner waren etwas säurearm und sehr schwer zu behandeln, da der biologische Säureabbau einsetzte. Diese Weine wurden erstmalig in der Geschichte der fränkischen Kellerwirtschaft im Hofkeller durch Kieselgurfiltration geklärt und dadurch der nachteilige Säureabbau gestoppt.

1951 Reichlich, aber weniger gut.⁵ Spätfrost 30. 4. auf 1. 5., guter bis mittlerer Jahrgang in der Qualität; Erntemenge ⌀ 30 hl/ha.⁴ In der Nacht zum 1. Mai treten Frostschäden auf. September sehr heiß, am 13. 9. plus 33 Grad C, häufig Tau und Nebel. Oktober schönes Herbstwetter, in der Nacht zum 8. Oktober minus 4,5 Grad C, in den Frostlagen ist alles Laub erfroren.¹¹

1952 Guter Durchschnittsjahrgang.⁵ Verzögerte Rebblüte, Trockenschäden, qualitativ guter bis mittlerer Jahrgang, Erntemenge ⌀ 23 hl/ha.⁴ ⌀ 25 hl/ha, schöne Qualitätsweine. Winter günstig. Häufige Niederschläge im Februar und März. Warmer, trockener April. Beim Austrieb starker Befall von Kräuselmilbe. In der Nacht vom 20. auf 21. und nochmals von 21. auf 22. Mai Strahlungsfröste mit leichten Schäden. Ab Juni tropische Hitze bis Ende August.¹¹ Ende September Frühfrost.

1953 Sehr guter Jahrgang, hervorragende Spitzengewächse.⁵ 8./9. und 10./11. Mai Spätfrost, qualitativ großer Jahrgang, Erntemenge ⌀ 25 hl/ha.⁴ Sonniges, warmes Herbstwetter ließ die diesjährige Traubenernte gut ausreifen. ⌀ Mostgewicht 92,5 Grad für Weißweinsorten und 87,4 Grad für Rotweinsorten. ⌀ Mostertrag 25,7 hl/ha. Preis ab Kelter für Weißmost rd. 142 DM, für Rotmost 122 DM/hl.⁹ Im Durchschnitt Dreiviertelernte. Vollreifes bis überreifes Lesegut. Daher reife harmonische Weine bis schwere Spitzenweine.¹¹ Mit den 1953er Frankenweinen wurden die großen Weinproben anläßlich des Weinbaukongresses 1957, der in Würzburg stattfand, abgehalten; denn die nachfolgenden Weinjahrgänge waren nicht präsentabel. ⌀ 18 hl/ha, aber ein ganz großer Jahrgang, ein Jahrhundertwein. Winterfrost am 8. Febr. minus 20 Grad C. März ungewöhnlich trocken und sonnig, tagsüber mild, aber in der Nacht Abkühlung, so daß die Vegetation zurückgehalten wird. Warmer April beschleunigt den Austrieb, starke Kräuselmilbe. Ab 9. Mai bis 16. Mai Frostschaden. Blütewetter für geringe Lagen ungünstig. Schöner warmer Sommer mit genügend Feuchtigkeit. Ruhiger, schöner, langer Spätsommer und Herbst. Die Lese begann am 9. Oktober. Das Lesegut war vollreif, überreif und edelfaul. Es wurden hochfeine, schwere Spätlesen, Auslesen, Beerenauslesen und Trockenbeerenauslesen erzielt.¹¹

1954 Winterfrostschäden, Erntemenge ⌀ 25 hl/ha, qualitativ mittlerer Jahrgang.⁴ Im allgemeinen war in diesem Jahr der Behang der Reben gut; nur einzelne durch Frost und Hagel betroffene Rebanlagen erbrachten geringe Erträge. Wegen des naßkalten Wetters verlief jedoch die Entwicklung der Trauben zumeist mangelhaft. Trotz später Ernte, die Ende Oktober bis Anfang November beendet worden ist, waren die Trauben oft schlecht ausgereift, die Beeren klein und dickschalig. Je Hektar ertragsfähigen Reblandes wurden rd. 33 hl Weinmost geerntet. Preis: 100 bis 129 DM/hl. Die diesjährigen Weinmoste sind zumeist von mittlerer bis geringer Güte. ¾ aller Weißmoste besitzen Mostgewichte von weniger als 70 Grad Öchsle.[9] Nach einem guten Jahr wie 1953 war es schwer für den 1954er, doch dieser Jahrgang war besser als sein Ruf und man sollte noch lange an ihm zehren, da 1955, 1956 und 1957 Mißjahre waren.

1955 Spätfrost 11./12. Mai, ungünstiges Blütewetter, Erntemenge ⌀ 8,4 hl/ha, qualitativ mittlerer bis geringer Jahrgang.[4] Die im vergangenen Winter auftretenden starken Fröste führen z. T. zu erheblichen Erfrierungen an den Wurzeln der Rebstöcke. Zudem traten Spätfröste auf, die zu Erfrierungen an den Gescheinen führten. Kaltes regnerisches Wetter im Juni, Blütebeginn um den 25. Juni, Blüteverlauf schlecht. Starker Peronosporabefall. Sonniges Herbstwetter. Zahlreiche Gemeinden blieben völlig ertraglos. Frühfröste und starker Befall durch Mehltau bewirkten vorzeitigen Laubfall und hatten schlechte Holzreife zur Folge. Der Durchschnittspreis belief sich auf 136,50 DM/hl für Weißmost und 125 DM/hl für Rotmost. Mittlere Güte, Mostgewichte zwischen 60 und 80 Grad Öchsle beim Weißmost, beim Rotmost zwischen 70 und 90 Grad. Lese bis 25. November.[9]

1956 Katastrophenjahr. Wenig Wein, mittlere Qualität. Winterfrost ab 28. Januar, 90–100% Schaden am einjährigen Holz, Silvanerstämmchen alle erfroren, meist Nachtrieb, Erntemenge 2,3 hl/ha, qualitativ mittlerer bis geringer Jahrgang.[4] Die strengen Fröste im Februar dieses Jahres verursachten in sämtlichen Rebanlagen große Schäden. Die Augen wurden größtenteils vernichtet. Teilweise entstanden auch Schäden an den Reben und Wurzeln. Das vorwiegend kühle und sonnenscheinarme Wetter führte bis in den Herbst hinein immer mehr zur Verschlechterung der Herbstaussichten. Wegen stärkerer Frühfröste erwies sich auch das Novemberwetter für den Weinbau als überwiegend ungünstig. ⌀ Ertrag 2,7 hl/ha. In den vergangenen 75 Jahren hatte der bayerische Weinbau weitere 4 Jahre mit ähnlich schlechten Ernten aufzuweisen. Gesamte bayerische Ernte 7400 hl. Die Güte des Mostes mittel bis gering. ⌀ Mostgewicht 68 Grad Öchsle bei Weißmost und 73 Grad bei Rotmost. Lese Ende Oktober.[9]

1957 Katastrophenjahr. Wein wenig. Spätfrost 11./12. Mai, ungünstiges Blütewetter, Erntemenge 8,8 hl/ha. Qualitativ mittlerer bis ge-

---

Junge Traube. – Nach Beendigung der Blüte und erfolgter Befruchtung beginnen die Beeren zu wachsen. Zwischen Blüte und Reifebeginn liegen zwei Monate.

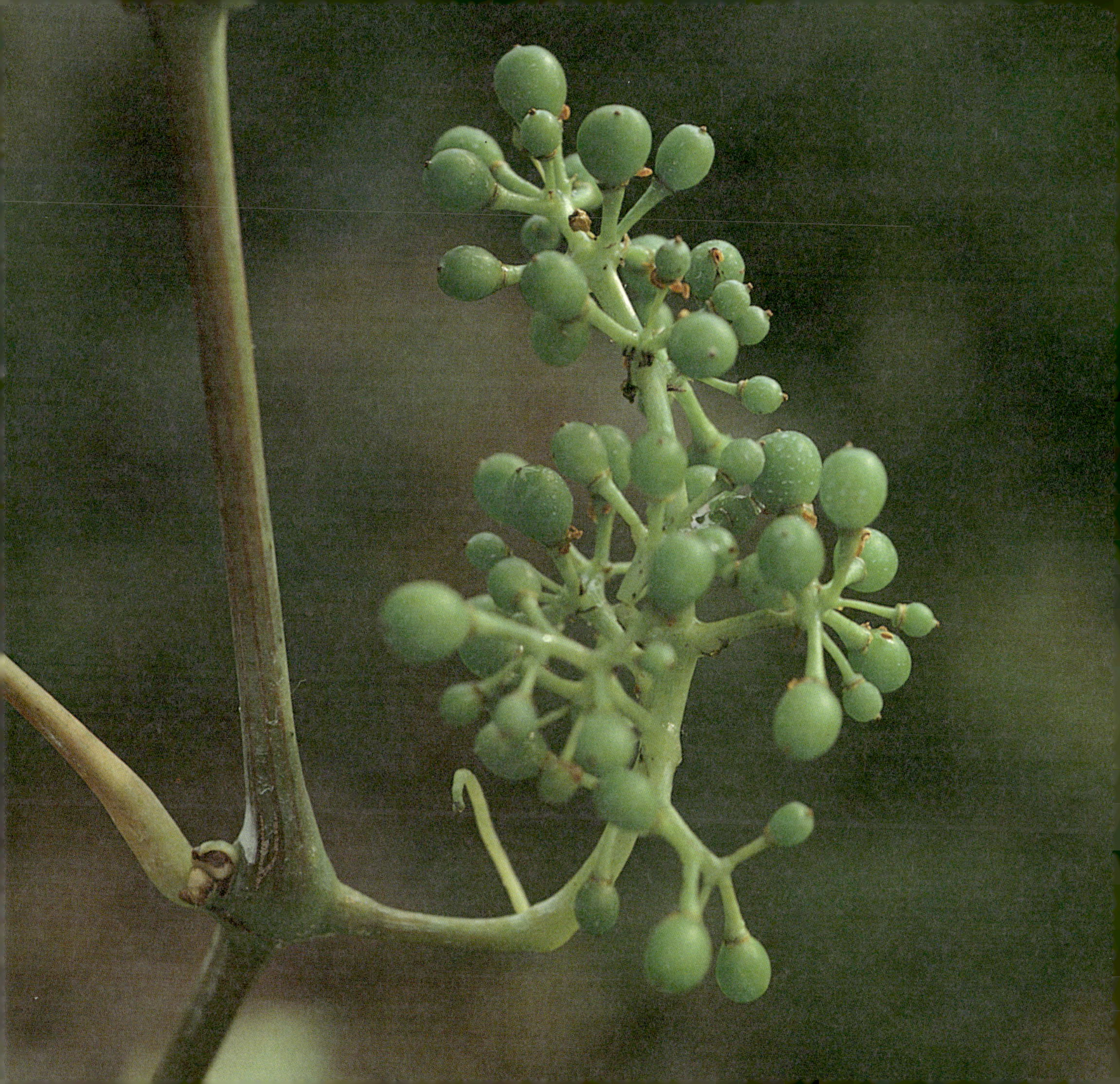

660 JAHRE STIFTUNG ZUM HEILIGEN GEIST WÜRZBURG A·D·1979

ringer Jahrgang.⁴ Im Winter 1956/57 entstanden in den bayerischen Rebanlagen nur geringe Frost- und sonstige Wetterschäden, doch zeigen sich noch immer Nachwirkungen der Fröste vom Februar 1956. Während des Kälterückschlags anfangs Mai dieses Jahres sind in den meisten Rebanlagen die Augen und Jungtriebe erfroren. Wegen der entstandenen schweren Schäden und daher zu erwartender abermaliger Mißernte werden einzelne Rebanlagen vernachlässigt oder ganz aufgegeben und gerodet. Blütedauer 8–9 Tage. Ein beträchtlicher Teil der Rebanlagen ist völlig ertraglos. Oft ist die geringe Weinmosternte ausschließlich zur Bereitung eines Haustrunks bestimmt. Nach ungünstigem Sommerwetter hat der warme und sonnige Herbst Menge und Güte des diesjährigen Weinmostes etwas verbessert. Wegen Aufplatzens der Beeren, Fäulnis und Vogelfraß, erfolgte die Weinlese oft vorzeitig; allgemein wurde sie in der ersten Oktoberwoche beendet. Witterungsungunst und schlechte Ernteaussichten führten mitunter zur Vernachlässigung der Weinberge. Durchschnittsertrag 8,8 hl/ha. Durchschnittspreis 163 DM/hl. Durchschnittsmostgewicht 68 Grad Öchsle bei Weißmost und 73 bei Rotmost.⁹

Oval-Faß mit 5000 Litern Rauminhalt im Bürgerspital-Weingut Würzburg. – Mit dem Gleichnis vom Barmherzigen Samariter werden die Stiftungsaufgaben dargestellt. Geschnitzt von Ossi Müller.

1958 Mittlere Qualität. Später Austrieb (6. Mai), keine Frostschäden, aber Hagel, Erntemenge 49 hl/ha, qualitativ guter bis mittlerer Jahrgang.⁴ Blüte Ende Juni (durch kühles und regnerisches Wetter etwas verzögert). Regnerischer Sommer aber günstige Herbstwitterung. Mit einem durchschnittlichen Mostertrag von 49,6 hl/ha ist das bayerische Weinjahr 1958 mit Abstand das beste seit Bestehen der amtlichen Weinertragsstatistik. Die Qualität gut bis mittel. Durchschnittliches Mostgewicht bei Weißmot 70 Grad Öchsle und bei Rotmost 78. Lese Ende Oktober. Erlös 116 DM/hl bei Weißmost und 100 DM bei Rotmost.⁹

1959 Besonders guter Wein. Spätfröste 20. bis 22. April. Trockenschäden. Frühfrost 30. September. Erntemenge 33 hl/ha, qualitativ ganz großer Jahrgang.⁴ Milder Winter 1958/59, Spätfröste 19. bis 22. April. Frühe Rebblüte. Traubenansatz mittel bis gut. Die Witterung verlief für die Trauben günstig. Lese im ersten Oktoberdrittel abgeschlossen. 32,3 hl/ha im Durchschnitt. ⌀ Mostgewicht 93,2 Grad Öchsle. Der Preis pro hl. Weißmost DM 143,60 und für den Rotmost ⌀ 133 DM.⁹ Wegen der großen Trockenheit gab es keine Edelfäule. Der Wein war ungemein stark und hatte einen eigentümlichen Ton, der von den sonnengebräunten Beeren herrührte.

1960 Der »Überläufer«. Quantität sehr gut, Qualität entsprechend. Früher Austrieb (20.–25. April); Spätfrost 26./27. April. Trotzdem stärkste Erntemenge seit 1880 mit 65 hl/ha, qualitativ mittlerer bis guter Jahrgang.⁴ Beginn der Beerenreife Mitte August. Obwohl Fröste im April dieses Jahres in einigen ungünstigen Lagen zu Ertragsminderungen führten, wurde der bis dahin größte Weinherbst in Bayern verzeichnet. Die Lese war in der zweiten Oktoberhälfte beendet. ⌀ Ertrag pro Hektar 64,6 hl. ⌀ Mostgewicht bei Weißmost 76,3 Grad Öchsle. Der Preis lag durchschnittlich bei 80 DM/hl; der Rotmost kostete 55 DM.⁹ Es war das große Mengenjahr. Vielerorts wurden »Schwimmbäder« zur Weinlagerung verwendet. Franken hatte sich mit seinen Lagermöglichkeiten noch nicht auf solche Erntemengen eingestellt. Als im Jahre 1977 das Hektar das Doppelte trug und insgesamt das Dreifache der 1960er Ernte geerntet wurde, konnte diese Menge ohne Probleme eingelagert werden, so hatte man in allen Betrieben die Lagerkapazität erweitert. Der Spätfrost wird sehr erfolgreich mit Ölöfchen in den Weinbergen bekämpft. 20 Jahre später ist dieses Verfahren wegen Ölverteuerung schon wieder überholt.

1961 Mittelmäßige Qualität. Der milde Winter 1960/61 verursachte nahezu keine Frost- oder Wetterschäden. Austrieb gut bis mittel. Das naßkalte Wetter bewirkte, daß die Rebblüte erst Ende Juni einsetzte. Es gab schwache bis mittlere Verrieselungsschäden. Die Peronospora tritt sehr stark auf. Warme und sonnige Herbstwitterung fördert die Beerenreife und die Zuckerbildung. Die Traubenlese erfolgte verhältnismäßig spät, da die Winzer bestrebt waren, das sonnige und milde Herbstwetter zur Verbesserung der Mostqualitäten auszunutzen. Vereinzelte Spätlesen wurden bis Ende November hinausgezögert. Durchschnittlich wurden 18,1 hl/ha Weißmost und 18,1 hl/ha Rotmost geschätzt. Die Qualität des Mostes ist ansprechend. Das Durchschnittsmostgewicht des Weißmostes lag bei 79,5 Grad Öchsle, dasjenige der Rotmoste bei 81,6. Der erzielte Verkaufserlös für einen Hektoliter Weißmost beträgt 168 DM, beim Rotmost 150 DM.⁹

1962 Kräftiger Wein, mittlere Qualität. Sowohl im Winter als auch im Frühjahr nur geringe Wetterschäden. Rascher Austrieb im April, dann aber Wachstumsstockungen. Späte Blüte und überdurchschnittlich lang, große Verrieselungsschäden und viele kleinbeerige Trauben. Die Beeren reifen nur langsam. Zur Verbesserung der Mostqualität wurde die Traubenlese möglichst spät vorgenommen (Müller-Thurgau zweite Oktoberhälfte, andere Sorten Anfang November bis Mitte November). Durchschnittshektarertrag 21,7 hl. Durchschnittliches Weißmostgewicht 78,7 Grad Öchsle, bei Rotmost 82,5 Grad. Qualität des Mostes gut bis mittel. Die Weine hatten viel Körper. Durchschnittlicher Preis ab Kelter bei Weißmost 194 DM/hl und bei Rotmost 180 DM/hl.⁹

1963 Mittelmäßige Qualität. Der strenge Winter 1962/63 verursachte in den Weinbergen z. T. empfindliche Frostschäden. Größere Schäden hatten insbesondere Junganlagen. Keine Frühjahrsfröste. Infolge der günstigen

Witterung war in den nicht winterfrostgeschädigten Weinbergen der Verlauf der Blüte und der Gescheinsansatz gut bis mittel. Wegen verbreiteter Stiel- und Beerenfäule erfolgte die Lese häufig vorzeitig, was sich naturgemäß ungünstig auf die Güte der gekelterten Moste auswirkte. Bis Ende Oktober war die Lese beendet. Die erzielten Mosterträge waren örtlich sehr verschieden. Während frostgeschädigte Tallagen mitunter nahezu ertraglos blieben, brachten die übrigen Rebflächen zumeist sehr gute Ernten. Als gewogenes Mittel errechnet sich für Weißmost ein Hektarertrag von 52,9 hl, für Rotmost ein solcher von 39,7 hl. Für die Weißmoste wurde ein durchschnittliches Mostgewicht von 76 Grad Öchsle und für Rotmoste ein solches von 81,8 Grad festgestellt. Der Preis betrug im Schnitt für Weißmost 168 DM/hl und für Rotmost 160 DM/hl.[9]

1964 Guter, sortentypischer Wein mit wenig Säure. Keine Schäden im Winter, keine Spätfröste. Die Rebblüte begann je nach Lage und Sorte überwiegend im ersten oder zweiten Junidrittel und dauerte zumeist 8 bis 10 Tage. Dank günstigen Wetters verlief die Rebblüte gut und es zeigte sich ein reicher Fruchtansatz. Bis 25. August anhaltende Trockenheit. Auf tiefgründigen Böden und bewässerten Anlagen jedoch gute Traubenausbildung. Auf flachgründigen Böden und Steillagen haben die Rebstöcke und die Trauben oft stark durch die Trockenheit gelitten. Die heurige Weinlese wurde bei den Weißweinsorten Müller-Thurgau und Elbling(!) sowie bei allen Rotweinsorten größtenteils bis 20. Oktober beendet.
Bei der Silvanertraube wurde die Lese bis Ende Oktober und beim Riesling bis 10. November nahezu abgeschlossen. Der durchschnittliche Hektarertrag wird mit 65,8 hl errechnet. Derart hohe Flächenerträge wie in diesem Jahr wurden bisher in Bayern noch nie erzielt. Auch die Qualität ist überwiegend gut. Das durchschnittliche Mostgewicht beträgt beim Weißmost 79,5 Grad Öchsle und beim Rotmost 77,7 Grad. Der Preis für Weißmost ab Kelter beträgt 99 DM und für Rotmost 142 DM pro Hektoliter.[9] (Dies war der geringste Preis für einen wertvollen Most bis zum heutigen Tag; aus Verärgerung darüber gingen jetzt noch mehr Winzer zu den Winzergenossenschaften.)

1965 Geringer, saurer Wein, oft mit Frostton. In diesem Jahre sind weder Schäden durch Winterfröste an Gehölz und Knospen noch durch Frühjahrsfröste an Laub und Trieben entstanden. Rebblüte im letzten Junidrittel. Trotz teilweiser Verrieselungsschäden ist der Traubenansatz gut bis mittel. Zur Erzielung einer besseren Beerenreife, die wegen des naßkalten und sonnenscheinarmen Wetters im Sommer häufig zu wünschen übrig ließ, wurde die Weinlese möglichst lange hinausgeschoben. Außer bei den Rieslingtrauben ging die Lese bis 10. November. Es gab viele Ausfälle durch Frühfröste und Regen. (Die durch Regen ausgelaugten Frosttrauben erbrachten oft schlechtere Weine als die früher gelesenen). Im Durchschnitt wurden 47,9 hl/ha Weinmost errechnet. Witterungsbedingt läßt die Qualität häufig zu wünschen übrig. Das durchschnittliche Mostgewicht errechnete sich bei Weißmost mit 64,8 Grad Öchsle und beim Rotmost mit 69,7 Grad. Der Durchschnittspreis ab Kelter betrug 135 DM beim Weißmost und 131 DM beim Rotmost pro hl.[9]

1966 Mittelmäßige Qualität. Milder Winter, kaum Schäden durch Spätfröste Rebblütebeginn zwischen dem 11. und 20. Juni. Dauer 5 bis 10 Tage. Guter Ansatz. In den schönen Herbstwochen mit milden Nächten ging die Reife der Trauben zügig voran, so daß trotz der feuchtkühlen und sonnenscheinarmen Sommermonate die allgemeine Lese bis 10. November beendet werden konnte, nur bei Silvaner und Riesling verzögerte sie sich mitunter bis 20. November und länger. Geerntet wurden im rechnerischen Durchschnitt 46,2 hl/ha. Das Durchschnittsmostgewicht lag bei 78,1 Grad Öchsle. Der durchschnittliche Verkaufserlös ab Kelter betrug für Weißmost 182 DM und für Rotmost 178 DM je Hektoliter.[9]

1967 Jahrgang der großen Spätlesen mit dem begehrten Edelfäuleton! Wenn auch im vergangenen Spätherbst verhältnismäßig früh mit Schnee und Kälte der Winter einbrach, so verliefen die folgenden Monate im allgemeinen doch mild. Frühjahrsfröste verursachten in einem Sechstel der Gemeinden schwache, in knapp 7% mittlere und vereinzelt starke Schäden an Laub und Trieben. Rebblüte meist erst im letzten Junidrittel, guter bis mittlerer Ansatz. Nach den starken Niederschlägen Anfang September hat sich die Traubenfäule stark ausgebreitet, so daß in manchen Weinbaugemeinden verhältnismäßig früh mit der Weinlese begonnen wurde. Die anschließend warme Witterung führte dann jedoch meist zur Edelfäule. Bis zum 31. Oktober war in der Regel die Lese abgeschlossen. Je Hektar wurden im rechnerischen Mittel 49,4 hl Weinmost geerntet. Das durchschnittliche Mostgewicht für das weiße Gewächs betrug 81,0 Grad Öchsle und für das rote Gewächs 81,1 Grad. Der durchschnittliche Erlös wurde beim Weißmost mit 183 DM und beim Rotmost mit 167 DM je Hektoliter angegeben.[9]

1968 Wegen Fäulnis sehr anfälliger Wein, (viel Milchsäurebildung) ansonsten aber körperreicher Wein mit Jahrgangston. In den Tallagen teilweise starke Winterfrostschäden. Guter Austrieb, wenig Blüteschäden, aber nach hochsommerlichem Wetter ab letztem Junidrittel bis Mitte Juli führte Witterungsungunst zu Pilzkrankheiten. Durch die vorwiegend niederschlagsreiche Witterung im Sommer und Frühherbst ist vielfach die Traubenfäule stark aufgetreten, so daß mit der Lese allgemein verhältnismäßig früh begonnen werden mußte; diese war bis 20. Oktober beendet. Pro Hektar wurden im ⌀ 59 hl geerntet. Die errechneten durchschnittlichen 65 Öchslegrade für Weißmost und 66,5 für Rotmost zeigen, daß die Güte des Mostes zu wünschen übrig ließ. Der Preis war 153 DM für ein Hektoliter Weißmost und 139 DM für die gleiche Menge Rotgewächs.[9]

1969 Wuchs ein rassiger, pikanter, lang lagerfähiger Mittelwein. Schneefälle und Nachtfröste verzögerten den Wachstumsbeginn. Im weiteren Verlauf zügiges Wachstum. Blütebeginn zwischen 21. und 30. Juni mit 8 bis 14 Tagen Dauer. Ansatz gut. Nach nicht ungünstiger Witterung setzte Anfang September sehr sonniges Wetter ein und hielt an, so daß man mit der Lese der Trauben bis Mitte Oktober wartete. Das Durchschnittsmostgewicht errechnete sich auf 74,3 Grad Öchsle und der Hektarertrag lag bei ⌀ 57,9 hl. Die Güte des Mostes ist beträchtlich besser als im Vorjahr.[9] Abnorm hoch lag der Zitronensäuregehalt, der den Weinen eine leichte Zitrusfrüchte-Note und eine hohe Lagerfähigkeit verlieh.

1970 Menge gut, Qualität gut (Beginn des Wohlstands im fränkischen Weinbau). Ab Ende November beständiger Frost. Mitte Januar viel Niederschläge, Überschwemmungen. Ab Ende Februar und den ganzen März über wieder Frost. Je nach Lage starke bis schwache Schäden an den Augen. In der Hälfte der Anlagen keine Schäden. Keine Frühjahrsfröste. Blütebeginn zwischen dem 21. und 30. Juni. Dauer 5 bis 10 Tage. Guter Ansatz. Ende der ersten Novemberdekade war die Lese abgeschlossen. Es errechnete sich ein in Bayern noch nie erzielter durchschnittlicher Ertrag von 77 hl/ha bei Weißmost, bei Rotmost betrug er 92,3 hl. Das durchschnittliche Mostgewicht der weißen Sorten betrug 75,3 Grad Öchsle und bei den roten Sorten 74,0 Grad. Der Hektolitererlös ab Kelter betrug 172 DM für Weißmost, für die Rotmoste erzielte man 153 DM.[9]

1971 Der Jahrtausendjahrgang (nach Ferdinand Heß, Rödelsee). Anfang Dezember 1970 bis Mitte Januar 1971 lang anhaltendes Frostwetter. Mitte Januar bis Ende Februar milde Witterung. Nach umfangreichen Schneefällen bis in die zweite Märzhälfte andauerndes Winterwetter. Schwache Schäden durch Winterfröste. Drei Zehntel der Ertragsrebfläche hatte Schäden durch Spätfröste. Begünstigt durch das sommerlich warme Wetter im April und in den ersten Maiwochen setzte die Blüte in der ersten Junidekade ein. Sie verlief durch die Ungunst der Witterung sehr zögernd. Blütedauer 15 und mehr Tage. In mehr als der Hälfte der Gemeinden wurden Verrieselungsschäden festgestellt, die über der natürlichen Grenze eines Blütenabfalls von 10% liegen. Eine Verrieselung von 50% und mehr wurden aus einem Zehntel der Weinbaugemeinden gemeldet. Beginn der Beerenreife nach dem 24. August. Im Sommer und Spätsommer erhebliche Trockenheit. Das lang anhaltende sonnige und milde Herbstwetter begünstigte eine zeitige Reife der Trauben. So konnte die Lese allgemein früh beginnen und bei nahezu allen Sorten in den meisten Gemeinden bereits Ende Oktober abgeschlossen werden. Der Durchschnittsertrag errechnet sich für alle Sorten zusammen mit 46,1 hl/ha. Das durchschnittliche Mostgewicht lag bei 91,5 Grad Öchsle bei Weißmost und beim Rotmost bei 91 Grad. Der Hektoliter-Erlös ab Kelter betrug beim Weißmost 288 DM und beim Rotmost 217 DM.[9]

1972 Geringe Qualität, mittlere bis gute Quantität. Kaum Schäden durch Winterfrost, Monatswende April/Mai Frühjahrsfröste. Ein Zehntel der Rebfläche erlitt schwache Schäden. Gute Blüte. Das kühle und niederschlagsarme Herbstwetter verzögerte die Reife der Trauben. Vielerorts ließen früh (4. und 8. Oktober) aufgetretene Fröste das Laub an den Rebstöcken erfrieren und abfallen. Damit war die Assimilation beendet. Demzufolge mußte trotz des Entwicklungsrückstandes verhältnismäßig zeitig mit der Lese begonnen werden. Am 10. November war – abgesehen von Einzelfällen – Schluß. Der Durchschnittsertrag wurde mit 82,0 hl/ha errechnet. Das Durchschnittsmostgewicht betrug bei den weißen Sorten 64,5 Grad Öchsle und bei den roten 74 Grad. Bei Weißmost wurden 163 DM/hl und bei Rotmost 184 DM erzielt.[9] Der 1972er brachte einen gewissen Teil Tafelwein. Die Jungweine entwickelten sich sehr langsam, oft war ihnen ein nicht gerade genehmer Froston zu eigen. Nach dem hervorragenden Wein des Jahres 1971 war es für den Weinfreund nicht leicht, auf diese rustikalen Weine des Jahrgangs 1972 umzusteigen.

1973 Ein idealer Jahrgang in Menge und Güte. An Winterfrösten sind auf einem Fünftel der Ertragsrebfläche schwache bis mittlere Schäden an Holz und Knospen entstanden. Die Blüte begann wie im Vorjahr in der letzten Junidekade. Dauer ein bis zwei Wochen. Guter Ansatz. Infolge des milden Herbstwetters konnten die Beeren rechtzeitig ausreifen. Die früh einsetzende Lese lief zügig ab und war – abgesehen von Einzelfällen – am 10. November abgeschlossen. Es errechnete sich ein durchschnittlicher Hektarertrag von 110,9 hl. Damit konnte erstmalig in der Geschichte des fränkischen Weinbaus ein durchschnittlicher Hektarertrag von über 100 hl erreicht werden. Beim Weißmost errechnet sich im Landesmittel ein Durchschnittsmostgewicht von 73,3 Grad Öchsle und bei den roten Rebsorten ein solches von 75,2 Grad.[9]

1974 Geringe Qualität, mittlere bis geringe Quantität. Der Winter 1973/74 begann zunächst kalt und niederschlagsreich. Dann milde Witterung. Im Februar ausgiebige Niederschläge. Nach einem kurzen Kälteeinbruch Anfang März stieg das Thermometer auf nahezu hochsommerliche Werte an. Mitte April kam der befürchtete Rückfall mit kalten Winden und empfindlichen Nachtfrösten. Infolge von Winterfrösten sind auf etwa der Hälfte der Ertragsrebflächen Schäden an Holz und Knospen entstanden. Durch die Frühfröste sind auf mehr als der Hälfte der Flächen Schäden an Laub und Trieben aufgetreten. Die Blüte begann erst in der letzten Junidekade und dauerte meist über 14 Tage. Die Beerenreife setzte erst nach dem 25. August ein. Anschließend sommerlich warmes Wetter. Ende September bis Mitte Oktober regnerisch, sonnenscheinarm und kalt. Teilweise trat Frühfrost auf. Lese ab zweiter Oktoberdekade. Durch die Witterungsungunst konnten die »späten« Rebsorten örtlich nicht voll ausreifen. Die Lese wurde durch häufige, mitunter sehr ausgiebige Regenfälle behindert. Der durchschnittliche Hektarertrag lag bei 48,3 hl. Die Durchschnittsmostgewichte für weiße und rote Moste lagen bei 70–71 Grad Öchsle. Der Mostpreis lag im Durchschnitt beim Weißmost bei 219 DM/hl und beim Rotmost bei 270 DM.[9]

1975 Sehr guter, sehr haltbarer Wein in guter Quantität. Kaum Winterschäden, keine Frühjahrsfröste. Beginn der Blüte in der zweiten Junidekade. Dauer der Blüte 8–10 Tage mit gutem Verlauf. Obwohl infolge der Frühfröste 1974 der Austrieb ungleichmäßig verlief, waren durch die Jahreswitterung die Voraussetzung für einen guten Weinherbst gegeben. Botrytis trat verstärkt auf. Die in diesem Jahr bis spät in den Herbst hinein günstigen Wachstumsbedingungen ermöglichten eine zeitige Lese; sie wurde in der Regel in der ersten Novemberdekade beendet. Es errechnete sich im Durchschnitt ein Hektarertrag von 102,9 hl. Beim Weißmost wurde ein durchschnittliches Mostgewicht von 79,5 Grad Öchsle und beim Rotmost ein solches von 79,4 Grad errechnet. Das Verhältnis von Mostgewicht zu Säuregehalt ist beim Jahrgang 1975 günstig und läßt neben qualitativ hochwertigen auch haltbare Weine erwarten. (Diese Voraussage hat sich bis heute [1981] als richtig erwiesen. Der Jahrgang 1975 wurde unter Wert »verkauft«, weil der nachfolgende 1976er noch höhere Öchslegrade erbrachte). Der Durchschnittspreis pro Hektoliter ab Kelter betrug bei Weißmost 230 DM, bei Rotmost 296 DM.[9]

1976 Sehr gut, sehr stark, in vollzufriedenstellender Menge. Ein »Jahrhundertwein«. Durch Winterfröste sind auf etwa einem Drittel der Ertragsrebfläche schwache bis mittlere, vereinzelt auch starke Schäden an Holz und Knospen entstanden. Etwas größer waren die Schäden durch Frühjahrsfröste an Laub und Trieben. Die Blüte setzte in der ersten Junidekade ein. Der Verlauf der Blüte und der Ansatz der Trauben war gut. Das Sommer- und Herbstwetter war rebfreundlich. Durch das frühe Ausreifen der Trauben begann die Lese meist schon vor dem 1. Oktober. Bis auf wenige Gemeinden war die Lese in der letzten Oktoberdekade beendet. Die Edelfäule an den Trauben verbesserte zwar die Mostqualitäten erheblich, ließ aber eine weitere Verzögerung der Lese meist nicht zu. Trotz der lang anhaltenden Trockenheit errechnete man beim Weißmost einen durchschnittlichen Hektarertrag von 73,7 hl, beim Rotmost einen solchen von 73,6 hl. Der Anteil prädikatsgeeigneter Moste war seit 1971 nicht mehr so hoch. Das Durchschnittsmostgewicht lag beim Weißmost bei 87,1 Grad Öchsle, beim Rotmost bei 90,1 Grad. Pro Hektoliter Weißmost wurden im

Herbst durchschnittlich 305 DM gezahlt, beim Rotmost lag der Preis bei 364 DM.⁹

1977 Höchster Ertrag seit es amtl. Statistik gibt. Qualität gering bis mittel. Durch Lagerung wurde der Wein immer besser. Vereinzelt – bis zu einem Fünftel – schwache Schäden durch Winter- und Spätfrost. Gute Blüte in der letzten Junidekade. Die Beerenreife setzte witterungsbedingt erst Anfang September ein. Der Behang war gut; noch selten sah man so große, dichtbeerige und geschulterte Trauben. Nachdem die Winzer vielerorts noch auf sonnige Tage hofften, verzögerte sich das Ende der Lese bei den weißen Rebsorten teilweise bis zur zweiten Novemberdekade. Es errechnete sich ein Durchschnittsertrag von 117,1 hl/ha, welches in Bayern das bisher beste Ergebnis darstellt. Bei Weißmost insgesamt errechneten sich 67,5 Grad und bei Rotmost 65,4 Grad Öchsle. Trotz der großen Erntemenge und der vorausgegangenen hervorragenden Jahrgänge 1975 und 1976 wurde ein Durchschnittspreis von 233 DM/hl bei Weißmost und von 266 DM/hl bei Rotmost erlöst.⁹

1978 Große Menge, mittlere Qualität. Ein Jahrgang ohne größere Höhepunkte und Ausstrahlung. Geringer Ausfall durch Frühjahrsfröste. Die günstige Witterung und der geringe Krankheitsbefall ließen eine späte Lese zu. Abgesehen von den frühreifenden Sorten wurde sie in vielen Orten erst in der zweiten Novemberdekade abgeschlossen. Es errechnete sich ein durchschnittliches Mostaufkommen von 81,7 hl/ha. Im Landesmittel wurden bei Weißmost 69,6 Grad Öchsle und bei Rotmost 73,6 Grad ermittelt. Je Hektoliter Weißmost betrug der Preis ab Kelter 252 DM, und bei Rotmost 334 DM.⁹

1979 Drittelherbst bei guter Qualität. Am Abend des Silvestertages und in der Neujahrsnacht sind die Temperaturen von plus 10 Grad auf minus 17 Grad gefallen. Gleichzeitig wandelte sich der Regen in Schnee um, und diese Temperaturen hielten bis nach Dreikönig an. Dreiviertel der gesamten fränkischen Rebknospen sind erfroren. Nach gezieltem Rebschnitt und guter Blüte in der zweiten Junidekade setzte die Beerenreife vor dem 20. August ein. Lesebeginn zwischen 1. und 10. Oktober. Das durchschnittliche Mostgewicht für Weißmost wurde mit 86 Grad Öchsle und bei Rotmost mit 81 Grad errechnet. Der Durchschnittsertrag lag beim Weißmost bei 26 hl/ha und bei den roten Sorten bei 51 hl/ha. Die Preise bewegten sich um 500 DM/hl.⁹

1980 Mittelmäßige Qualität, hohe Säure. Nach hervorragendem Gescheinsansatz rieselten die meisten Trauben in einer naßkalten, verspäteten Blüte, die sich bis Mitte Juli hinzog, durch. Erst ab zweiter Septemberhälfte setzte gutes Wetter ein, das bis Mitte Oktober anhielt. Am 3. November erfror das

---

Fränkischer Winzer. Bild und Text stellen das wechselvolle Geschick des fränkischen Weinbaus, aber auch die Mentalität des fränkischen Winzers dar. Von Rudolf Schiestl 1926 der Hetzfelder Flößerzunft gewidmet.

Viel Träubl' hänge net dro - i hab mein ganza
Wengert in an Körbla hem trog könn - Dunnerkeil!

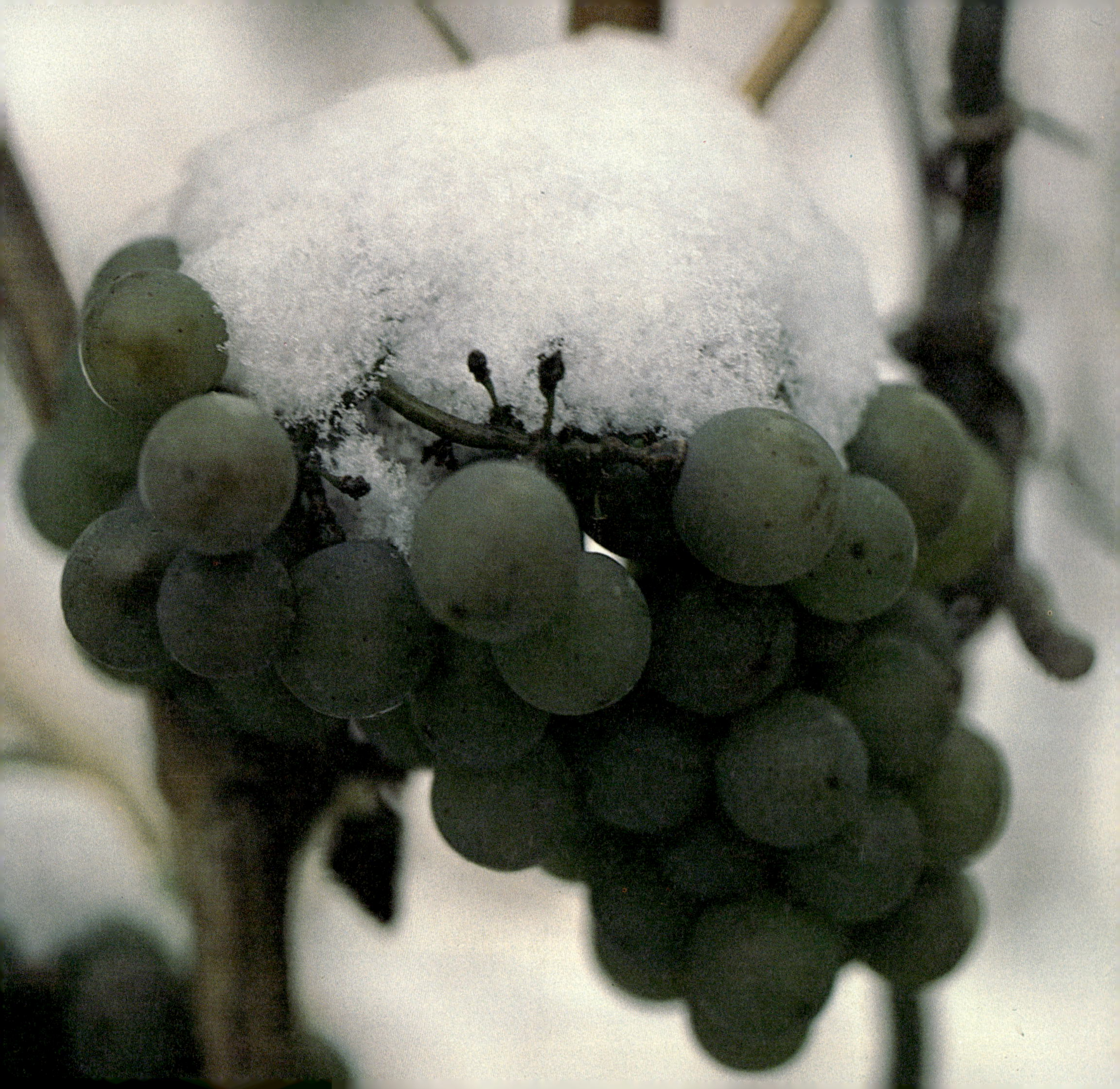

Laub und die noch nicht reifen Trauben. Das Mostaufkommen betrug 30,7 hl/ha. Das durchschnittliche Mostgewicht errechnete sich mit 74,8 Grad Öchsle bei Weißmost und bei den roten Sorten betrug es 77,3 Grad. Die Mostpreise lagen sehr hoch; 400–500 DM/hl wurden gezahlt.[9] Das Jahr 1980 war wieder ein typisches Beispiel dafür, daß die Natur den Weinbauern im Frühjahr viel zeigen, im Herbst jedoch wenig geben kann. Zu viele Witterungseinflüsse, die der Mensch nicht beeinflussen kann, sind am Werden des Weines beteiligt.

[1] Conrad Caspar Häulen, Mainbernheim, 1743: Jahrbuch alter und neuer Nachrichten oder historische Beschreibung, wie der gütige Gott von vielen hundert Jahren her, biß auf das jetzt laufende 1742. Jahr, unser werthes Frankenland vielmahl mit gut und gesegneten Wein-Jahren erfreut aber auch mit schädlichen Mißjahren vätterlich heimgesucht hat;
[2] Heinrich Weber, Professor, Bamberg 1884, Bamberger Weinbuch: Ein Beitrag zur Kulturgeschichte;
[3] Dr. Friedrich Bassermann-Jordan, 1907: Geschichte des Weinbaus;
[4] Aufschreibungen aus Ortschroniken etc.;
[5] Aufschreibungen der Firma Ernst Gebhardt, Weingut-Weingroßkellerei, Sommerhausen;
[6] Gemeinnütziger Land-Kalender Marktbreit für das Jahr nach Christi Geburt 1864, Verzeichnis des Weinwuchses, wie derselbe vom Jahre 1762 bis 1862 gerathen;
[7] Chronik der Stadt Miltenberg von Joseph Wirth, »Weinwuchs«, von 1174 bis 1849;
[8] Karl Heß, Bamberg, 1927: Der Weinbau Frankens in den letzten 50 Jahren, Inaugural-Dissertation;
[9] Berichte des Bayer. Statistischen Landesamtes München;
[10] Karl Nägler, Leiter des Juliusspital-Weingutes: Berichte über Weinjahrgänge;
[11] Fritz Lippe, Weinbaumeister, Randersacker;
[12] Dr. A. Welte, Würzburg, 1934: Der Weinbau des mittleren Mainlandes in seiner ehemaligen Verbreitung;
O. Wittmann: Die Weinbergböden Frankens. Bayerisches Landwirtschaftliches Jahrbuch, Sonderheft 3/1966.

Traube mit Schneemütze.
In der ersten Novemberwoche 1980 kam Kälte und Schnee und überraschte die Winzer, die noch gerne die Trauben der Spätsorten am Rebstock belassen hätten. Anstelle von besserer Qualität mußten auch noch Mengenverluste hingenommen werden.

Pflück nicht jede Traube,
laß eine hängen am Stock:
Ein anderer kommt aus dem Staube
mit regenverwaschenem Rock:
Du bist nicht Winzer allein,
Gott schenkte auch ihm den Wein.
Friedrich Schnack, 1892

Die fränkischen Rebsorten

Müller-Thurgau

Fast 50 Prozent der fränkischen Rebfläche ist mit Müller-Thurgau bestockt. 1882 wurde diese Rebe von Prof. Müller aus dem Kanton Thurgau in der Weinbaulehranstalt Geisenheim gezüchtet. Die reichtragende Sorte bringt einen Wein mit zartem Muskataroma und mildem Geschmack hervor. Die Weine sollen im jugendlichen Alter und nicht zu warm getrunken werden. Die Qualitäten schwanken vom reintönigen Qualitätswein bis zum hochreifen Prädikatswein.

Silvaner:

Rund 30 Prozent der fränkischen Rebfläche ist mit Silvaner bepflanzt. Über 300 Jahre ist diese Rebsorte hier heimisch. Mit der Art des Silvanerweines wird der Frankenwein im allgemeinen identifiziert. Silvanerweine prägten somit den fränkischen Gebietscharakter weitgehend.
Die Weine des Silvaners haben kein hervorstechendes Bukett. Sie sind kernig bis wuchtig. Die Säure ist mild bis harmonisch bis pikant. Vom rustikalen Schoppenwein bis zur höchsten Spitze sind alle Qualitätsstufen möglich. Silvanerweine eignen sich auch gut für eine Lagerung über mehrere Jahre.

Am sichersten kannst du vom Rebstock sagen,
Er werde für dich etwas Gutes tragen.
Johann Wolfgang von Goethe

Riesling:

Der Riesling ist wohl die älteste und die wertvollste deutsche Rebsorte. Der Riesling braucht klimatisch beste Lagen. Die Weine sind fruchtig, mit rassiger, frischender Säure und elegant.
Rieslingweine haben eine große Lagerfähigkeit und sollten nicht zu jung getrunken werden.

Rieslaner:

Der Rieslaner ist eine Qualitätszüchtung Frankens aus Silvaner als Mutter und Riesling als Vater. Der Name ist eine Wortzusammensetzung aus Riesl(ing) und (Silv)aner. Rieslaner hat mäßigen Ertrag, aber die Weine sind sehr fruchtig, ungeheuer gehaltvoll, schwer, und haben eine pikante Säure. Sie sind am längsten lagerfähig und sollten nur ab dem 2. Jahr nach der Ernte getrunken werden.

Scheurebe:

Die Scheurebe, im Jahre 1916 von Georg Scheu in Alzey gezüchtet und nach ihm benannt, ist eine Kreuzung aus Silvaner × Riesling. Es ist die vielleicht wertvollste Neuzüchtung, die höchste Ansprüche an Lage, Boden und Klima stellt, dafür aber auch einen hervorragenden, unverwechselbar fruchtigen, rassigen, variantenreichen Wein mit hohem Qualitätsniveau hervorbringt. Die Lagerfähigkeit der Weine ist gut.

Traminer:

Der Traminer (auch Gewürztraminer) ist eine mäßig tragende Rebsorte. Die Traube ist rötlich. Der Wein zeigt einen einprägsamen Rosenduft, ist mild und gehaltvoll. Traminerwein ist ein echter Festtagswein und eine Rarität.

Kerner:

Neuzüchtung der Lehrantstalt Weinsberg aus Trollinger × Riesling. Benannt nach dem Dichterarzt Justinus Kerner (u. a. Weinlied: Wohlauf noch getrunken den funkelnden Wein). Die sehr aussichtsreiche Sorte hat eine gute Ertragsleistung. Der Wein ist muskatellerartig im Bukett; ein schlanker, graziler Körper ist unterlegt durch eine pikante Säure. Die Farbe ist etwas licht und die Genußreife wird nach einem halben Jahr gut erreicht. Die Lagerfähigkeit der Weine ist besser als beim Müller-Thurgau.

Albalonga:

Der Name ist vom Aussehen der Traube (lang und weiß) abgeleitet. Die Albalonga ist eine fränkische Kreuzung von Prof. Dr. habil. Breider. Der Wein zeigt ein auffälliges Sortenbukett. Die Säure ist kräftig und pikant. Der Körper (wie überhaupt die ganze Art) ist rieslingähnlich. Albalonga-Weine haben jedoch mehr Opulenz und Alkohol als Riesling-Weine.

Ruländer:

Der Ruländer (synonym: Grauer Burgunder) stammt aus der Qualitätsfamilie der Burgunder. Ein Kaufmann namens Ruland gab Anfang des 18. Jahrhunderts den Anstoß zur Verbreitung dieser Sorte, und deswegen die Namensgebung.
Die rötlich-graue Traube stellt einen hohen Anspruch an Lage und Umwelt sowie an die Kellerwirtschaft. Wenn hohe Reife vorliegt, ergibt der Ruländer einen vollen Wein mit viel Varianten im Geruch und Geschmack. Die fränkischen Ruländer dürfen aber nicht mit anderen Provenienzen verglichen werden. Sie sind anders in ihrer Art.

Bacchus:

Kreuzung aus (Silvaner × Riesling) × Müller-Thurgau. Gezüchtet bei der Bundesforschungsanstalt für Rebenzüchtung Geilweilerhof/Siebeldingen in der Pfalz. Eine befriedigend tragende Sorte. Die Traube ist frühreif, liefert hohe Zuckerwerte und der Wein ähnelt leicht dem der Scheurebe. Er hat ein vielfach blumiges Bukett und einen lebhaften, fruchtigen Geschmack. Die Qualitäten liegen meist im Prädikatsbereich. Lagerfähig und genußfähig etwa wie Müller-Thurgau, meist etwas länger.

Perle:

Die Perle wurde aus den Elternsorten Gewürztraminer und Müller-Thurgau von Georg Scheu gezüchtet und von Prof. Breider Würzburg züchterisch bearbeitet. Die Sorte ist weniger spätfrostanfällig. Die rötliche Traube erzeugt einen duftigen, milden, nicht allzuschweren Wein; dieser ist nicht sehr lange lagerfähig.

Ortega:

Die Sorte wurde an der Bayerischen Landesanstalt für Weinbau und Gartenbau aus den Sorten Müller-Thurgau × Siegerrebe (Madeleine angevine × Gewürztraminer) gezüchtet und nach dem spanischen Philosophen José Ortege y Gasset benannt. Sie reift außergewöhnlich früh und ist in der Lage, praktisch jedes Jahr selbständig Weine zu erzeugen. Die Weine sind eigenwillig im Bukett, der Körper ist füllig, oft alkoholisch und eine ausgesprochen milde Säure versagt dem Wein die Gunst des »alten« »Schoppentrinkers«. Der Marktwert der Sorte ist wegen ihres leicht südländischen Einschlags im Typus für Franken noch umstritten.

Der Wein kann nach der Ernte sehr schnell auf den Markt kommen.

Morio Muskat:

Viel gelobt und viel gescholten ist auch diese schon ältere Neuzüchtung, die vom LR Peter Morio auf dem Geilweilerhof aus den Elternsorten Silvaner × Weißer Burgunder gezüchtet wurde. Es ist eine frostempfindliche, aber reichtragende Rebe, aus deren eigenartig glänzenden grünen, ungemein saftigen Trauben, Weine mit einem vorlauten Muskat-Aroma, mit einer etwas ungezügelten Säure und in der Regel nicht so fülligem Körper erzeugt werden. Während der Morio Muskat in der Rheinpfalz und in Rheinhessen stark verbreitet ist, konnte er hier erst in den letzten Jahren da und dort Fuß fassen. Obwohl die Sorte mehr als Mengenträger bekannt ist, gelingt es auch hier bei günstigem Standort Spitzen zu produzieren. Normalerweise kann der Wein jugendlich und gut gekühlt getrunken werden.

Optima:

Es handelt sich hier um eine Kreuzung (Silvaner × Riesling) × Müller-Thurgau der Bundesforschungsanstalt Geilweilerhof. Begrenzter Ertrag und hohe Öchslegrade sind die hervorstechenden Merkmale dieser Sorte.

Der Duft des Weines erinnert stark an Kosmetika, der Wein ist füllig, mild und alkoholreich.

Zur Auslesegewinnung eignet sich diese Sorte wie kaum eine andere.

Die Lagerfähigkeit der Weine ist nicht so groß wie bei den Rieslingtypen.

Faberrebe:

Die Sorte Faberrebe paßt wegen ihres traditionellen Weintyps sehr gut in die fränkische Weinlandschaft. Es ist eine Kreuzung von Alzey aus dem Jahre 1929 und die Elternsorten waren Weißer Burgunder und Müller-Thurgau. Der Sortenname kommt aus dem Lateinischen.

Der Wein der Faberrebe ist lebhaft, fruchtig und hat einen guten Körper.

Über den sonstigen Anbauwert sind noch wenig Erfahrungen vorhanden.

Ehrenfelser:

Nach einer Ruine bei Rüdesheim benannt. Kreuzung: Riesling × Silvaner, durch Prof. Birk, Geisenheim im Jahre 1929. Die Sorte bringt einen rassigen, rieslingähnlichen Wein.

Zur Zeit wird die Sorte noch eingehend in Franken geprüft.

Huxelrebe:

Georg Scheu züchtete diese Sorte im Jahre 1927 aus den Eltern Weißer Gutedel × Courtillier musqué.

Ein dezentes Muskatbukett, eine frische Art, eine etwas zitrusfrüchteartige Säure und ein schlanker Körper sind dem Wein im unteren Qualitätsbereich eigen.
Für Franken besitzt die Sorte wenig Eignung; wiewohl einige Betriebe beste Erfolge verzeichnen.

Rotweintrauben:

Portugieser:

In Franken wird der Portugieser mit sehr viel Erfolg angebaut. Die sehr reichtragende Sorte bringt normalerweise hellrote bis dunkle Rotweine mit frischer Art. Portugieser-Rotweine sind schon einige Monate nach der Lese genußfähig; sie können aber normalerweise nicht lange gelagert werden.

Blauer Spätburgunder:

Die Sorte stellt hohe Ansprüche an die Lage. Aus dem Blauen Spätburgunder werden die edelsten Rotweine in den nördlichen Weinbaugebieten Europas hergestellt.
Es gibt zahlreiche Synonyme für diese Sorte.
Die Farbe des »Spätburgunders« ist lichtrot (granat bis rubin); sie kann aber auch ins Bläulich-Dunkle gehen (je nach Jahr, Standort, Reife und Gesundheit der Trauben).
Der Wein ist vor allem nach entsprechender Lagerzeit vollmundig, »warm«, samtig und zeigt ein arttypisches Bukett.
Diese Weine sollten unbedingt »chambriert« (Zimmerwärme) getrunken werden.

Statistische Angaben der Weinmosternten

Jahr	Durchschnittspreis für 1 hl Weinmost*	
	Weißmost in DM	Rotmost in DM
1960	80	55
1961	168	150
1962	194	180
1963	142	143
1964	99	142
1965	135	131
1966	182	178
1967	183	167
1968	153	139
1969	185	
1970	172	153
1971	288	217
1972	163	184
1973	170	180
1974	219	270
1975	230	296
1976	305	364
1977	233	266
1978	252	334
1979	500	500
1980	400–500	400–500

*ab Kelter

Aus den Reben fleußt das Leben,
Das ist offenbar.
Ihr, der Trauben Kenner,
Weingelehrte Männer,
Macht dies Sprichwort wahr.
Joh. Chr. Fischer

Taufnamen des Neuen von 1929 bis 1980

1929	Graf Zeppelin
1930	Krakeler
1931	Krisling
1932	Ankurbler
1933	Gleichschalter
1934	Volltreffer
1935	Rassereiner
1936	Rekrut
1937	Bomber
1938	Friedenstropfen
1947	Knochenrappler
1948	D-Mark-Hupser
1949	Bundesbruder
1950	Soforthelfer
1951	Sorgentöter
1952	Friedensträumer
1953	Kunrädel
1954	Sonnenlechzer
1955	Sufferäner
1956	Spätzünder
1957	Weltraumstürmer
1958	Mondhupser
1959	Friedenswedler
1960	Überläufer
1961	Hoffnungstropfen
1962	Mauerbrecher
1963	Freudenspender
1964	Sonnenkönig
1965	Seitenspringer
1966	Herbstzauber
1967	Götterfunken
1968	Entspanner
1969	Mondbummler
1970	Haschmich
1971	Sonnenfürst
1972	Olympel
1973	Seelenwärmer
1974	Mutmacher
1975	Sorgenbrecher
1976	Sonnenschlucker
1977	Rentenseufzer
1978	Regentrotzer
1979	Energiesparer
1980	Zungenkuß

Idee: Daniel Meininger, Neustadt/Weinstraße
Durchführung der Wahl:
Städt. Verkehrsamt Neustadt/Weinstraße

Zehnjährige Durchschnittsweinmosterträge in der Bundesrepublik (bzw. Reich) und in Franken seit 1880

Jahrzehnt	∅ Ertrag pro Jahr in hl		∅ Rebfläche ha		∅ Ertrag ha/hl	
	Reich/Bund	Franken	Bund	Franken	Reich/Bund	Franken
1881 – 1890	1 681 000	186 587		9 557	19,6	19,5
1891 – 1900	1 704 000	122 422		8 455	20,6	14,8
1901 – 1910	1 935 000	91 597		6 693	22,4	13,4
1911 – 1920	1 686 000	52 831		3 891	23,4	14,9
1921 – 1930	1 889 000	48 006		4 077	26,1	12,0
1931 – 1940	2 732 000	85 617		3 403	38,7	25,1
1941 – 1950	1 826 000	45 564		2 953	32,4	15,4
1951 – 1960	3 353 000	71 570		2 613	56,9	27,9
1961 – 1970	5 852 000	122 996		2 375	83,9	50,8
1971 – 1980	7 920 440	242 465	84 371	3 441	94,2	75,4

Die Weinmosternten Bayerns* von 1880 – 1980[9]

Jahr	Ertrags-rebfläche (ha)	Mostertrag (Ø in hl) je ha	insgesamt	Jahr	Ertrags-rebfläche (ha)	Mostertrag (Ø in hl) je ha	insgesamt
1880	9 496	2,3	22 661	1910	5 758	4,7	27 213
81	9 182	14,9	136 361	11	5 366	9,6	51 769
82	9 285	22,3	207 484	12	5 318	7,7	40 697
83	9 564	24,5	234 181	13	4 776	1,7	8 225
84	9 670	33,2	321 255	14	4 126	4,6	19 098
1885	9 662	20,9	201 889	1915	3 588	19,0	68 021
86	9 634	7,9	75 709	16	2 779	12,2	33 944
87	9 701	20,7	200 472	17	2 734	29,8	81 588
88	9 643	13,8	132 852	18	3 218	24,1	77 497
89	9 659	17,9	172 469	19	3 194	10,3	32 905
1890	9 677	18,9	183 198	1920	3 811	30,1	114 565
91	9 685	1,4	13 946	21	3 930	13,6	53 633
92	9 699	4,8	46 273	22	4 034	16,4	66 255
93	8 426	14,9	125 402	23	4 355	5,6	24 138
94	8 459	22,5	190 241	24	4 410	4,7	20 729
1895	8 507	16,6	141 295	1925	4 224	22,8	96 430
96	8 498	34,1	289 420	26	4 244	2,8	11 909
97	8 510	19,2	163 648	27	4 161	6,0	24 784
98	8 519	4,3	36 293	28	3 908	11,8	45 955
99	7 286	8,0	58 288	29	3 819	9,0	34 347
1900	6 962	22,9	159 426	1930	3 703	27,5	101 887
01	7 298	19,5	142 230	31	3 622	34,8	125 886
02	7 072	6,5	46 063	32	3 657	25,5	93 305
03	6 861	23,2	159 407	33	3 492	14,9	52 145
04	6 919	26,9	186 460	34	3 481	25,3	88 091
1905	6 933	27,3	189 284	1935	3 146	31,5	99 134
06	6 966	1,6	11 367	36	3 267	32,1	104 877
07	6 707	4,3	28 505	37	3 389	30,1	102 045
08	6 391	12,2	77 668	38	3 200	24,3	77 664
09	6 023	7,9	47 780	39	3 436	27,1	93 019

Jahr	Ertrags-rebfläche (ha)	Mostertrag (∅ in hl) je ha	insgesamt
1940	3 338	6,0	20 003
41	3 364	23,6	79 433
42	3 322	6,1	20 274
43	3 274	17,8	58 344
44	2 581	17,3	44 756
1945	3 076	7,5	23 211
46	2 895	9,6	27 896
47	2 883	12,7	36 571
48	2 963	28,3	83 711
49	2 682	9,8	26 163
1950	2 485	22,2	55 287
51	2 720	30,3	82 373
52	2 657	23,7	63 074
53	2 647	25,7	68 061
54	2 669	32,9	87 751
1955	2 698	8,4	22 544
56	2 729	2,7	7 413
57	2 649	8,8	23 219
58	2 536	49,6	125 818
59	2 360	32,3	76 257
1960	2 464	64,6	159 194
61	2 460	18,2	44 722
62	2 444	21,7	53 029
63	2 523	52,7	132 878
64	2 524	65,8	166 126
1965	2 243	47,9	107 389
66	2 252	46,2	104 097
67	2 257	49,4	111 404
68	2 322	59,0	136 998
69	2 353	69,6	163 722
1970	2 629	77,0	202 458
71	2 725	46,1	125 623
72	2 845	82,0	233 290
73	2 983	110,9	330 694
74	3 120	48,2	150 525
1975	3 194	102,9	328 726
76	3 378	73,7	248 959
77	3 847	117,1	450 484
78	3 973	81,7	324 632
79	4 145	25,7	106 708
1980	3 904*	30,7	119 775

* wegen Änderung des Erfassungsbereiches mit den Vorjahren nicht vergleichbar.

* ohne die Rheinpfalz

Als einst die Sintflut abgeflossen
und Noah wieder unverdrossen
auf festem Grund und Boden stand,
da nahm er seinen Karst zur Hand,
erklärte: »Dieses Land ist mein!«,
und pflanzte einen Rebstock ein!
Aus solchem Tun ward sonnenklar,
daß Vater Noah Winzer war,
und daß der Mensch um Mensch zu sein,
die Rebe braucht und gold'nen Wein.

A. Kraemer

Es gibt kaum einen, der gedenkt,
Wenn er den Wein, den man ihm brachte,
So leichter Hand ins Glas sich schenkt
Der Müh' und Arbeit, die er machte.

Julius Wolff, 1834–1910

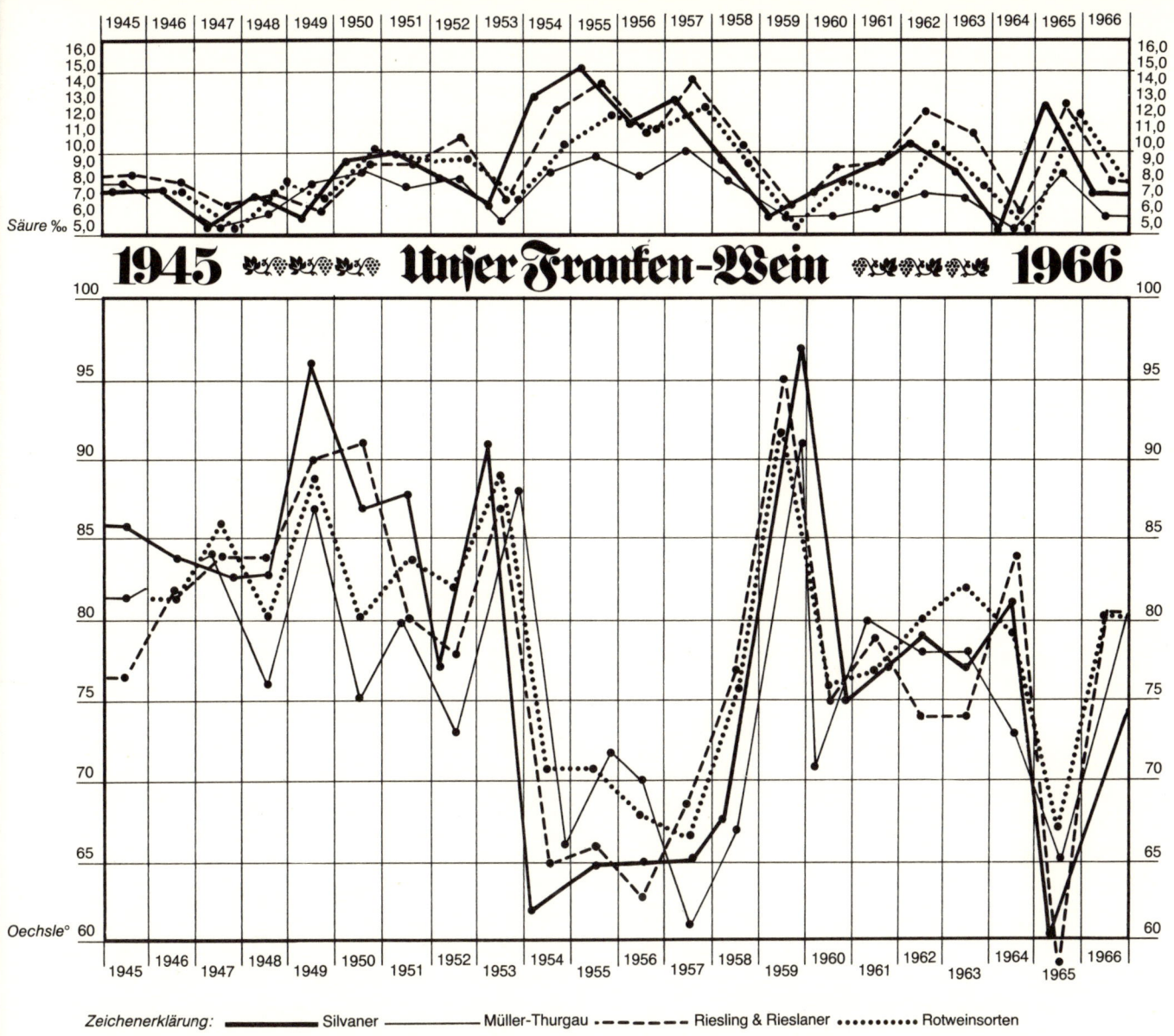

1945 Unser Franken-Wein 1966

Säure ‰

Oechsle°

Zeichenerklärung: ———— Silvaner ———— Müller-Thurgau — — — — Riesling & Rieslaner •••••••• Rotweinsorten

Anzahl der Proben: Silvaner – 7505   Müller-Thurgau – 3828   Riesling & Rieslaner – 1700   Rotweine – 531   insges. – 13564

Durchschnittliche Mostsäure- und Öchslewerte von fränkischen Traubenmosten – amtlich untersucht bei der damaligen Staatlichen Chemischen Untersuchungsanstalt Würzburg. Auswertung: Reimann/Weisensee

Der Weinjahrgang 1981 in Franken

Es gibt nicht viel Produkte, die in den vergangenen zehn Jahren so viel Furore gemacht haben wie der Frankenwein. Eine ganze Serie guter und bester Weinernten, die in Menge und Güte sich hervorragend ergänzten, waren geeignet, den guten Ruf des Frankenweines zu festigen und seine Nachfrage zu steigern.
Aber seit dem Neujahrsmorgen 1979 meint es die Natur nicht mehr ganz so gut mit den fränkischen Reben.
Die 1979er winterfrostgeschmälerte Ernte brachte zwar überdurchschnittlich gute Weine hervor, die vornehmlich auf Bocksbeutel gefüllt wurden, doch konnte der 1980er infolge seiner ungünstigen Blüte und verspäteten Reifeentwicklung den Engpaß bei den Schoppenweinen nicht schließen, zumal die Erntemenge auch nicht entsprechend war. Und diese Umstände schafften die vieldiskutierte und vielkritisierte Situation auf dem Schoppenmarkt (weniger bei den höherwertigen Bocksbeuteln), daß plötzlich der Konsument schlichter Qualitätsweine diese nicht mehr genügend im Angebot vorfindet und wenn doch, dann nach seiner Meinung zu teuer bezahlen muß.
Und nun hofft mancher Weinfreund auf den 1981er Jahrgang; er soll all dies bringen, was man (so meint mancher) in den letzten zwei Jahren etwas entbehrte: kurante Weine zu möglichst günstigen bzw. zeitgerechten Preisen. Doch bevor auf diese Forderung des Marktes eingegangen wird, dürfen noch die Vegetationsabläufe der Weinrebe im Jahre 1981 vorangestellt werden.
Nach den durch den kundigen Winzer ausgleichbaren Winterfrostschäden und frühzeitigem Austrieb der Reben (an sich eine Voraussetzung für einen großen Weinjahrgang) wurden zwischen Karfreitag und 24. April ein erheblicher Teil der jungen Rebtriebe durch »Spätfrost« zerstört. Wie sich jedoch herausstellte, waren die Schäden sehr unterschiedlich, zumal der Nachtrieb in manchen Lagen sehr gut war. Die darauffolgende Witterung war für den Rebstock recht günstig, so daß auch eine relativ frühe Blüte zu verzeichnen war, die allerdings durch einige extrem kühle und regnerische Tage verzögert wurde, und wodurch es zu Rieselschäden kam, die eine ohnedies schon geringe Ernteerwartung noch einmal dezimierten. Aber die Natur ist zu Überraschungen fähig. Und der alte Winzerspruch: »Der Herrgott kann einem viel zeigen und wenig geben, und aber auch wenig zeigen und noch viel geben« bestätigte sich in einem Gutteil der fränkischen Weinberge; denn die wenigen, vom Spätfrost und schlechter Blüte verschonten Trauben wurden in der Regel sehr groß und waren dichtbeerig (hier sind die Sorten Müller-Thurgau, Kerner und Scheurebe besonders zu nennen). Die altfränkische Renommiersorte, der Silvaner, geizte in diesem Jahr im Gegensatz zum vorigen mit dem Ertrag (nicht mit der Qualität); vielleicht aus Trauer darüber, daß sie immer weniger angebaut wird!
Alle Welt erwartete in diesem Jahr einen sehr frühen »Herbst«, doch die Reife, die sehr gut verlaufen war, stockte allmählich aus Wassermangel im Boden. Und als man endlich am 28. September die Lese der frühen Trauben beginnen wollte, kam der

erhoffte Regen und die Beeren wurden dünnhäutig und saftig.

Die Weinlese 1981 war sicherlich nicht ohne Beschwernisse, aber auch nicht ohne Reiz. Hochsommertage mit Gewittern wechselten sich ab mit tage- und nächtelangen monsunartigen Regenfällen. Viel edler Traubensaft wurde in den Weinbergsboden gewaschen. Das heißt, die Ernteverluste durch Wind und Regen sind nicht klein; das konnte bis zu einem Drittel der ursprünglichen Menge gehen. Es wäre vielleicht nicht ganz so schlimm geworden, wenn man nicht zuerst auf den Regen gewartet hätte und somit die Lese hinausgezögert hat. Die saftprallen Trauben sprengten dann die Beerenhaut und die Sorten wie Müller-Thurgau, Bacchus und Kerner werden dann sehr schnell anfällig gegen Wind und Wetter. Die in früheren Jahren im Interesse der besseren Qualität zur sehr späten Lese immer wieder ermahnt und auch mit sanfter Gewalt gedrängten fränkischen Winzer müssen heute erkennen, daß der Änderung des Sortenspiegels und den geänderten Kulturmethoden sich auch die Planung der Weinlese anpassen muß. Es kommt natürlich noch dazu, daß allgemein gilt: Wer spät liest ist auch besonders qualitätsbewußt. Weiterhin spielen noch Ehrgeiz, Beweis der Größe des Betriebes und teilweise überzogenes Image-Denken bei der Festsetzung und Durchführung der Weinlese eine große Rolle. Doch wenn man die Ernteverluste an Menge und Qualität – die zugegebenermaßen nicht in jedem Jahr eintreten müssen und manchmal schon ins Gegenteil umgeschlagen sind – berücksichtigt, dann gilt der alte, aus Lebenserfahrung formulierte Satz wieder einmal mehr: »Den Sack zubinden, wenn er voll ist.«

Franken hat 1981 einen »halben Herbst« an Menge eingebracht. 20 Mio. Liter – das entspricht der Erntemenge des Jahres 1970 – dürften von den 20 Mio. Rebstöcken über die Keltern in die fränkischen Keller geflossen sein. Leider waren die Erträge von Gemarkung zu Gemarkung und manchmal von Weinberg zu Weinberg sehr unterschiedlich. Franken hat zwar aufgrund seiner vielen unterschiedlichen Wetterwinkel und wegen der besonderen Bedeutung des Kleinklimas in den einzelnen Weinbergslagen nicht häufig einheitliche Weinernten (Jahre wie 1977 sind da Ausnahmen), doch selten gab es einen so »neidischen Herbst« wie heuer. Das ging von unter 2000 bis 7000 Liter pro Hektar Rebfläche, besonders glückliche und auch findige Winzer brachten es teilweise auf noch höhere Mengen bei noch ansprechenden Öchslegraden.

Diese Aussage wird wieder die stete Rede so vieler Weinfreunde dem Scheine nach bestätigen, die sagen: »Die Winzer lamentieren das ganze Jahr über, und im Herbst laufen die Fässer über.« Aber hier sei einmal zur Ehrenrettung der Winzer und für deren Glaubwürdigkeit wiederholend gesagt, daß die Natur oft sehr launisch und voller Überraschung ist, und daß man als Landmann nichts »beschreien« will, was man noch nicht hat. Es kann ja in der Tat auch noch so viel dazwischen kommen. Außerdem ist da noch im Unterbewußtsein die Scheu und der Respekt vor einem höheren Wesen vorhanden, das man nicht »versuchen« bzw. herausfordern will. Und überdies möchte man sich lieber positiv als negativ überraschen lassen; wenn es im Herbst mehr Most gibt als man geschätzt hat, dann ist man glücklich.

Der 1981er wird ähnlich dem 1973er schnell reif

und somit bald trinkfähig. Der Müller-Thurgau bietet sich regelrecht für Frühfüllungen an, er ist schon sehr gereift und harmonisch, so daß wir Ende Januar des kommenden Jahres mit einem größeren Angebot aus dem neuen Jahrgang rechnen können.
Würzig und auch rassig probieren sich heute Bacchus, Kerner, Scheurebe und Riesling. Der Silvaner ist sehr jahrgangsgeprägt, erdhaft, mit einem Ruch nach Edelfäule; er sollte nicht vor April auf den Markt kommen. Der 1981er wird allgemein einen geruchsintensiven Jahrgangston bekommen; die Säure wird animierend bis sanft sein; der Körper lehnt sich etwas dem 1975er an; der Edelfäuleton ähnelt dem 1967er.
Da insbesondere der Müller-Thurgau die Unbilden der Witterung besser überstanden hat und wir von ihm einen größeren Anteil im Bereich der Qualitätsweine geerntet haben, dürfte es auch wieder mehr Literflaschenfüllungen geben. Für den gehobenen Kundengeschmack sind prädikatsgeeignete Weine in entsprechender Menge gewachsen; somit wird es auch an Bocksbeutelfüllungen gerade im Bereich »Kabinett« nicht mangeln, während die »Spätlesen« etwas dünner als 1979 »gesät« sein werden.
Die Palette der Qualitäten reicht beim 1981er vom guten Schoppenwein für gemütliche Stammtische und animierte Weinfestbesucher, über den bekömmlichen Kabinettwein für den Feierabend bis zur Spätlese für gehobene Anlässe; man wird überdies herrliche Weinproben gestalten können. Der 1981er wird sich hervorragend für die »trockene« Geschmacksrichtung eignen.
Da der Genosse »Trend« seit ein paar Monaten etwas zu den schlichten Weinen führt, ist ein Teil der Ernte 1981 hierfür wie geschaffen. Im übrigen kann man sich aber nicht vorstellen, daß Franken aufgrund der momentanen Situation auf dem Verbrauchermarkt von seiner Qualitätspolitik abweicht und zu einem Literflaschen-Weinbaugebiet werden will. Zumal solche Dinge oft auch herbeigeschrien werden und bald wieder verschwinden.
Allerdings weiß auch jeder vernünftige Winzer und Weinverkäufer, daß die Preise nicht zum Ärgernis werden dürfen. Die nicht gedeckten Gestehungskosten minderer Jahre kann man nur über eine langfristige Kalkulation ausgleichen. Jeder Winzer weiß, daß auf Jahre des Überflusses solche mit drückendem Mangel folgen. Für eine kontinuierliche Preiswürdigkeit der Weine ist auch von Wichtigkeit, daß der Winzer in guten Jahren Rücklagen bilden kann; das gilt nicht nur für den Weinvorrat sondern auch für das Betriebskapital.
Frankenwein muß eine Besonderheit bleiben, die für alle unverkennbar und für viele das Beste ist.
Der Wein des Jahrgangs 1981 wird diesen Ansprüchen genügen und dafür sind wir trotz vieler leerer Fässer und Behälter dankbar.

Weinanbaugebiet Franken